Photographie de couverture : © BikingMan/Naushad Saleem

Les éditions Paulsen sont une société du groupe Paulsen Media

JULIANA BUHRING

TRACER SA ROUTE

Traduit de l'anglais par Julien Gilleron

Paulsen

À Hendri Coetzee, qui a inspiré un rêve,
et Antonio Zullo, qui m'a aidée à le réaliser.

On raconte que nous cherchons tous un sens à la vie.
Je pense plutôt que ce que nous cherchons vraiment,
c'est à nous sentir vivants.
Joseph Campbell

PROLOGUE

22 décembre

Une foule bruyante de cyclistes et de motards s'est agglutinée devant le bar de Cardito, petite ville en périphérie de Naples. Tout le monde veut sa photo ; moi ce que je veux, c'est un vrai *espresso*. « Il y a plein de groupes de cyclistes qui t'attendent sur la route », me glisse Antonio en surveillant sa montre, tandis qu'accoudée au zinc je savoure mon café, puissant et parfumé. C'est le bar napolitain typique qui vend cornetti chauds, tickets de loterie et clopes, avec son éclairage fluo et un petit écran plat diffusant un match de foot : je suis aux anges. Un *espresso* napolitain *décent*, qu'est-ce que ça m'a manqué ces cinq derniers mois !

« Les gens essaieront de t'arrêter pour prendre des photos, mais tu dois avancer. On n'a pas une minute. Rappelle-toi, surtout, tu ne t'arrêtes pas. À midi, tu dois être sur la Piazza del Plebiscito. » Responsable de la logistique, Antonio aura épongé la grande majorité du stress durant les 18 000 *miles* [1]

1. Soit 28 968,192 km (1 mile = 1,60934 km). Par souci de clarté, toutes les distances mentionnées par l'autrice ont été traduites en kilomètres. Seuls les chiffres ayant une portée symbolique ou significatifs de performances accomplies ont toutefois été conservés en unités *miles* (sauf mention contraire, les notes sont du traducteur).

de mon tour du monde à vélo. Comme depuis le départ, sa nuit a encore été mauvaise, et je crois que, gramme pour gramme, il a maigri autant que moi. Ses boucles noires sont emmêlées et ses yeux épuisés, souvent plissés comme s'il gambergeait profondément, se cachent derrière des Ray-Ban sombres. Il y a un peu plus d'un an, il n'avait quasiment aucune idée de ce dans quoi il s'engageait lorsqu'il a accepté de gérer l'organisation de mon expédition. Moi non plus, pour changer. Alors cette arrivée, on peut dire que chacun de nous deux l'attend.

« OK, je suis prête. Où est Pégase ? » Je n'ai pas revu mon vélo depuis qu'Antonio l'a emmené hier au garage pour le garder en lieu sûr. Pour l'heure, c'est son petit frère Riccardo qui le fait rouler, son cadre blanc souillé par la pluie d'hier, serti de boue séchée. Le cuir du siège est déchiré par endroits, et la peinture constellée de bosses et de rayures, mais, compte tenu du kilométrage parcouru, Pégase est en assez bon état. Au-delà de toutes les pannes et de tous les problèmes, il m'a portée autour du monde. Je caresse amoureusement le guidon. Pendant 152 jours, ce vélo aura été mon compagnon. Je lui ai beaucoup parlé. « Allez, rien qu'une dernière fois, Pégase. » Rien qu'un murmure. Lui et moi.

Les cyclistes qui attendaient enfourchent leurs vélos, et les motards font vrombir leurs engins alors que *I Will Survive* jaillit du haut-parleur scotché à l'un des passagers. Juste devant nous, Antonio saute dans sa Clio bleue. Partout dans la rue, depuis les appartements et les balcons, les gens sifflent et applaudissent en hurlant : « *Vai, Julia !* » Dès lors, je n'ai plus qu'une envie : m'échapper de tout ce vacarme et de l'attention. J'enclenche les pédales et j'appuie.

Notre convoi grossit le long des 65 derniers kilomètres jusqu'à Naples. Des employés de Schiano, l'entreprise qui m'a offert Pégase, se joignent à nous à vélo. On se dirige vers *Cicli Caputo*, le magasin où j'ai commencé par apprendre à remplacer un pneu et à démonter Pégase. Là aussi, les cyclistes du magasin nous attendent ; je les ai rencontrés pour la première fois il y a huit mois seulement, lors de mes premiers entraînements. Nous sommes maintenant plus d'une cinquantaine : jeunes et anciens, amateurs et professionnels, tous m'accompagnent jusqu'à la ligne d'arrivée. Même la police est là pour encadrer la circulation.

Le cortège stoppe les voitures aux carrefours en jouant du Klaxon pour que nous n'ayons jamais à nous arrêter. L'ambiance est joviale. Le soleil perce alors que nous atteignons Pozzuoli, où les ruines du port romain se mêlent aux immeubles de standing. En dessous, sur fond d'océan gris argenté, la ville de Naples apparaît comme un enchevêtrement coloré à l'ombre du Vésuve. L'euphorie me gagne et, en riant, je crie aux gars qui pédalent à côté : « Le plus beau jour pour rouler ! » Ils hochent la tête, pouce levé.

Plus loin sur la route, toujours plus de cyclistes nous attendent : rouleurs du dimanche, promeneurs loisir, mais aussi plusieurs femmes de l'association Green Cycle. La vitesse diminue pour s'adapter à chacun tandis que nos rangs continuent de grossir. Les derniers kilomètres conduisant à la Piazza del Plebiscito suivent la nouvelle piste cyclable, le long du front de mer et en centre-ville. Le peloton s'écarte et se mélange peu à peu à une foule d'amis et de *followers* au moment où j'entre sur la place pavée et franchis la ligne d'arrivée. On m'enveloppe dans un drapeau napolitain. Les gens applaudissent, hurlent, crient : « *Brava !* » Sur l'estrade de fortune qui a été installée, quelqu'un lance au micro : « Juliana est de retour ! »

Antonio m'attend, je descends de mon vélo et le serre dans mes bras plus fort que jamais. « *Brava, baby !* » glisse-t-il en me pinçant affectueusement la joue. On l'a fait ! C'est sa victoire autant que la mienne. J'ai peut-être pédalé, mais il a tout fait pour.

On me conduit sur scène avec Pégase. Évidemment, on veut que je dise quelque chose, mais voici que ma tête est vide. Le blanc. Tout semble si surréaliste. J'ai fait le tour du monde et je n'arrive pas à croire que ce soit réellement terminé. Je sens encore la peau de ma cuisse, meurtrie, râpée, déchiquetée par la chute d'hier. Mes orteils sont noirs et boursouflés de gelures. Mon visage est écorché par le soleil et le vent. Mon corps entier frôle l'évanouissement. À cet instant, debout sur l'arrivée, face à la foule qui m'acclame, toutes les difficultés, la maladie, l'épuisement, le froid, la faim, la douleur et les larmes, toute cette aventure semble n'avoir été qu'un rêve. Quelque chose qui n'a jamais vraiment existé.

Et pourtant. Ça a existé et contre toute attente, sans sponsor ni financement, sans assistance technique ni médicale, avec seulement huit mois d'entraînement à vélo. Personne n'y croyait. Personne ne pensait que je ferais le tour du monde, à raison d'environ 200 kilomètres quotidiens. Je n'étais ni athlète ni cycliste. Rien, absolument rien ne me prédisposait à une aventure aussi énorme : rien d'autre que la détermination et la volonté d'aller au bout, quoi qu'il arrive. J'avais décidé de prouver que tout est possible, que nous pouvons tous accomplir des choses bien plus grandes que nous-mêmes.

Chapitre 1

JOUR J

Cinq mois plus tôt, fin juillet, matin gris. La météo avait prédit de la pluie. De gros nuages s'accumulaient au-dessus de la foule d'amis et de curieux massée sur la Piazza del Plebiscito, l'une des plus grandes d'Europe. D'un côté, l'écrasante façade du Palais Royal, XVIIe, de l'autre, l'église néoclassique San Francesco di Paola : cœur battant de Naples, grande Histoire et cadres de pierre, la *piazza* semblait le point de départ naturel de mon aventure.

« Prête ? » demanda Antonio, en se frayant un chemin à travers la forêt de fans, photographes et journalistes qui couvraient mon départ. Une question ? Plutôt une hypothèse : comment être *prête* pour un truc pareil ? De l'avis général, je ne l'étais pas du tout. Mes seules ressources étaient alors quelques milliers d'euros, un vélo et un rêve.

Un rêve né d'un deuil. Le genre de chagrin qui vous rend plus vieux et plus triste – option A – ou qui vous change. Impulsion électrique capable de vous faire prendre des décisions dingues, mais qui transformeront votre vie. Option B.

J'avais rencontré Hendri Coetzee huit ans plus tôt au *Rock Garden*, une boîte de Kampala. Adossée au bar, la lumière des néons me colorait à moitié. Je parlais à des amis, Hendri sirotait une vodka Red Bull à la lisière de l'obscurité lorsque nos yeux se sont croisés. Stop. Arrêt sur image qui nous a semblé infini : comme s'il n'avait plus aucune envie de détourner le regard, d'interrompre la rencontre. À distance, mais accrochés. Aujourd'hui encore, je me souviens très bien de ces yeux – orbes bleu clair, scintillants à travers la lumière opaque du club. Il se dirigea lentement vers moi sans jamais briser le contact visuel, jusqu'à ce que nos visages se trouvent à quelques centimètres l'un de l'autre.

« Tu ne peux pas me quitter des yeux », avais-je murmuré.

« Et toi, tu meurs d'envie de m'embrasser », avait-il répondu.

Si un mot fut ajouté, je ne m'en souviens pas. Nos mains se trouvèrent. Pas à pas, nous avons glissé vers la pénombre sans plus parler. De plus en plus lointains, le bruit des soûlards habituels et le criard des lampes. Lui et moi au large de cette nuit, personne et rien d'autre n'existant plus à partir de cet instant.

Hendri était un aventurier dont le quotidien consistait à marcher plus de 1 000 kilomètres le long de la côte Est africaine, à arpenter les étendues inexplorées du continent ou à parcourir le cours des Nils Blanc et Bleu depuis leur source jusqu'à l'océan. Goguenard et faussement prétentieux, il se présentait en riant comme le « Grand Explorateur Blanc ». Personnellement, j'optai pour le « Dieu des Rivières » : si vous l'aviez vu descendre des rapides de 5e degré dans son kayak Fluid orange, vous auriez compris pourquoi. La facilité incarnée, une aisance surnaturelle.

Nos rendez-vous d'après furent tout aussi brefs et intenses, sans aucune attente d'avenir à deux. Une série de moments parfaits et sans la moindre faille qui, comme notre première rencontre, semblaient toujours un peu surréalistes. Lui travaillait comme guide de rafting pour un loueur de kayak de Jinja, accompagnant les clients dans les eaux vives du Nil. Moi je vivais à Kampala, quasi-missionnaire le jour, à distribuer de la nourriture et du matériel médical aux écoles et aux orphelinats, et *gogo dancer* la nuit dans une troupe professionnelle, histoire de payer les factures. Hendri avait entendu dire que des étrangères dansaient au *Rock Bar* et était venu voir, avec un ami, quelques semaines avant notre première rencontre.

La dernière fois que je l'ai vu, il préparait une nouvelle expédition depuis la naissance du Nil jusqu'à la mer, sur 4 200 *miles* [2] sur les traces de l'explorateur américain John Goddard. Après son départ, ma vie prit une tournure radicalement différente. Je quittai Kampala, écrivis un livre et devins quelqu'un d'autre. Nous perdîmes contact pendant plusieurs années.

J'étais alors à Londres en visite chez une amie qui avait elle aussi vécu à Kampala, lorsque je tombai sur le profil Facebook d'Hendri. Je l'ai demandé en ami, il répondit immédiatement.

« Ami ? Allez. Je n'espérais plus avoir un jour de tes nouvelles. Je pensais justement à toi il y a quelques semaines. Si je peux me permettre, agréablement. »

Il venait de rentrer d'une expédition solitaire à travers le Congo et avait du mal à réintégrer la « vie normale ». Moi-même, ne m'étant jamais senti appartenir à un endroit précis,

2. Environ 6 760 km.

je compris ce qu'il éprouvait. Nous commençâmes alors à correspondre régulièrement. C'était comme si nous nous étions quittés une heure auparavant, mais qu'une vie entière s'était écoulée. En cinq ans, énormément de choses avaient changé dans nos existences, mais presque rien n'avait changé entre nous.

La question de la liberté était fondamentale pour l'un et l'autre, et, bien que nous l'ayons expérimentée de manières très différentes, nos chemins respectifs avaient abouti aux mêmes conclusions. « Il y a quelque temps, tu m'avais parlé de liberté », écrivait-il au début de notre correspondance, après avoir acheté et lu mon premier livre qui relatait mon enfance dans la tristement célèbre secte des Enfants de Dieu. Il poursuivait :

> Je ne savais pas à quel point c'était grave pour toi. J'aime profondément le travail de Viktor Frankl, à mon sens l'un des meilleurs psychologues de notre époque. Il énonce que « *nous pouvons trouver un sens à nos vies à travers le travail, l'amour ou la souffrance* ». Peut-être que ceux qui souffrent le plus ont les meilleures chances d'aboutir à ce sens existentiel. Tu restes bien mieux placée que moi pour y répondre. Frankl conclut en déclarant que « *la souffrance est inévitable* » et affirme que « *l'ultime liberté pas humaine, c'est de choisir votre réaction à votre souffrance* ». Ayant cherché toute ma vie à me libérer de quelque chose qu'aujourd'hui je ne sais toujours pas identifier, je suis convaincu que cette liberté est la plus difficile à atteindre.

Chaque message que nous échangeâmes ensuite devint une jouvence, une renaissance ; l'eau qui ravive et soigne une terre exsangue.

Ses mots criaient. Appelaient, rappelaient le plus sauvage en moi, le plus rebelle, le *borderline outsider* ou le *marginal,* selon les codes sociaux qui rassurent. Des continents nous séparaient, et pourtant j'appréciais ses paroles plus que celles de n'importe qui. Jusqu'ici nous n'avions partagé qu'une amitié lointaine, mais elle valait désormais plus pour moi que cent relations intimes.

En quelques mois, les choses continuèrent de s'accélérer comme si nous sentions tous les deux que le temps allait manquer, précipitant nos vies dans une collision imminente et inconnue. Passionnément inéluctable.

> « Je pense que toi et moi, nous savons instinctivement que nous ne sommes peut-être qu'un symptôme, une conséquence de quelque chose qui nous dépasse : et non une cause de notre attirance. Réciproque et inexplicable », écrivait-il dans un mail.
>
> « Que dans notre désespoir infini, nous persistons à chercher. À y croire contre toute attente – ultime espoir, caché pour qu'on ne nous le vole pas. Un miracle ? Plutôt une dernière chance venue d'ailleurs : la possibilité que quelqu'un qui ne ressemble pas aux autres, mais à tout ce que nous désirons voir exister, existe réellement. Après avoir tant exploré, couru aux quatre vents et mis tout notre cœur en jeu, la douleur de voir cette théorie s'effondrer serait terrassante. Ralentir nous est

étranger, hésiter nous est pénible. L'intensité irrigue nos êtres, nous sommes ainsi. Et pourtant, je crois bien que nous avons des choses à vivre ensemble. Je t'ai, comme tu m'as toi aussi, dans la peau. »

Hendri planifiait une autre expédition, avec deux kayakistes américains, sur l'une des rivières les moins explorées du Congo. Il serait de retour pour le nouvel an. Je réservai donc un vol pour l'Ouganda le 30 décembre 2010. Nous avions décidé de nous retrouver et de voir ce qui se passerait.

Le 3 décembre, sans savoir pourquoi, je me connecte à Skype, pour l'y trouver qui m'attend.

Hendri : Je pensais justement à toi.

Juliana : J'ai eu envie de me connecter, subitement.

Hendri : Alors Dieu existe…

Juliana : Où es-tu ?

Hendri : À Kalemie, au Congo. Bloqué depuis quelques jours. Attente d'autorisations pour partir.

Juliana : Mais tu as encore accès au Web ? Décidément… L'Afrique restera toujours un paradoxe.

Hendri : J'ai beaucoup pensé à toi aujourd'hui.

Juliana : Bizarre, moi aussi.

Hendri : Quand aurai-je le privilège ?

Juliana : De ?

Hendri : De toi.

Juliana : J'arrive le 31.

Hendri : Si je cherchais encore une motivation pour survivre à la mission…

Juliana : Tu ferais mieux, tiens. Je t'attends. Un mois, ça va faire long.

Hendri : Me sens près de toi. Étonnamment près. Juste quelques hippos et quelques sauvages entre nous. M'en occupe fissa.

Juliana : Oh, alors tout va bien, tu bosses là-dessus. Et moi je vais bosser à te rejoindre.

Hendri : Bientôt.

Juliana : Oui.

Hendri : C'est probablement la dernière fois que j'aurai Internet jusqu'à la fin du trip. Trois à quatre semaines si tout se passe à moitié comme prévu.

Juliana : S'il te plaît, reviens en un seul morceau. J'ai besoin de toi en entier.

Hendri : Et tu m'auras.

Juliana : :)

Hendri : Dors bien. Rêve de moi. Je rêverai de toi.

Juliana : C'est mon quotidien. Tu n'es jamais loin.

Hendri : Je te préviendrai dès que je serai en Ouganda.

Juliana : OK. Je guette.

Hendri : Amour et lumière.

Juliana : Bon voyage, mon Dieu des Rivières.

Le matin du 8 décembre, réveil comme un autre. Tout en sirotant mon café, je me connecte sur Facebook. Mon fil est rempli d'hommages à Hendri, de *followers* en larmes et de posts sidérés. J'écris frénétiquement à l'un de nos amis : « Qu'est-ce qui se passe ? Qu'est-il arrivé à Hendri ? »

« Il pagayait sur la rivière Lukuga, les deux Américains étaient juste devant lui lorsqu'un crocodile énorme a surgi de nulle part et a sorti Hendri de son kayak. On n'a pas retrouvé son corps, me répond-il. Désolé, je suis encore sous le choc.

Je n'y arrive pas. Hendri a toujours déjoué la mort. Je ne peux pas croire que c'est vrai. Non. »

Je m'assieds. Pétrifiée. Incapable ou ne voulant pas intégrer la moindre information moi non plus. Bien sûr que ce n'est pas vrai. Hendri est simplement en train de ramper hors de l'eau quelque part, avec son sourire de sale gosse, en traînant derrière lui une peau de croco.

Et puis, lorsque l'info a été officielle, je me suis effondrée. Détruite. Les deux premiers jours, je suis restée prostrée dans mon lit à pleurer, sans cesser de crier son nom, comme si ce miracle allait le ramener d'entre les morts. Parfois, les yeux bouffis comme deux fruits secs, je me sentais tellement vidée de larmes que je me disais bêtement : « Tiens, aujourd'hui ça va mieux. Aujourd'hui, je ne vais pas chialer. » Alors, un détail ravivait un souvenir et je m'effondrais de nouveau dans un spasme, terrassée, hoquetant sur un sol de plus en plus flou. Et le monde se mettait à tanguer tandis que je suffoquais.

Un chagrin profond vous marque plus que n'importe quelle cicatrice. Après plusieurs semaines figée dans le deuil, je me suis levée un matin, regardée dans le miroir, et j'ai compris que je devais faire quelque chose pour m'en sortir. Pour ne pas finir engloutie par ma propre tristesse. On a tendance à l'oublier et, pourtant, on peut compter sur elle : sous une lumière crue, la mort éclaire toujours la brièveté de la vie, vous rappelant que le temps file et qu'il manquera bientôt. Elle accentue l'urgence de tout faire vite, maintenant et pendant qu'on le peut encore. Ni demain ni plus tard. Immédiatement.

Ce qui avait débuté comme un acte désespéré s'est rapidement mué en objectif dévorant, la nuit suivant l'hommage à Hendri. J'ai pris mon vol pour arriver, comme prévu, le 31 décembre en Ouganda. Puis j'ai rejoint la famille et les amis d'Hendri sur les rives du Nil un mois jour pour jour après sa mort, pour commémorer la mémoire de l'homme que nous avions tous aimé.

« C'était peut-être écrit. Hendri aurait été furieux de crever dans un lit », a dit l'un de ses proches.

Quelques-uns d'entre nous étaient assis autour d'une table en rondins, sous la véranda d'un lodge pour kayakistes et autres inadaptés sociaux qui passaient par Jinja. Hendri lui-même y avait séjourné un temps. Des torches de citronnelle se consumaient doucement, maintenant les moustiques à distance de notre petit cercle de lumière. Les cigales chantaient bruyamment. La nuit africaine n'est jamais silencieuse.

« Avant de m'installer dans la vie, je veux faire quelque chose de grand », a lâché une jolie blonde, une Anglaise qui n'avait pas beaucoup connu Hendri.

M'installer ? Pourquoi devons-nous nous « installer », comme on dit ? Pourquoi sommes-nous certains que c'est ce que l'on attend de nous à partir d'un certain âge ? J'allais avoir trente ans dans quelques mois. Est-ce que toutes les femmes débutent leur compte à rebours biologique pile à cet âge-là ? Dans le monde entier ? Ou est-ce que *s'installer* est la preuve par l'action, le signe concret de tout individu enfin *mûr* ?

« Quelque chose comme… traverser le Canada à vélo », a poursuivi la blonde. Puis elle s'est tournée vers moi. « Et si tu m'accompagnais ? Si on le fait pour une association caritative ou une cause, ça ne devrait pas être trop compliqué de trouver des sponsors. »

« Peut-être », ai-je répondu. Mais plus j'y pensais, plus le projet m'ennuyait. Pourquoi le Canada ? Pourquoi pas ailleurs ? Quelque part où je n'étais jamais allée.

L'idée continua de germer après mon retour en Italie. Je me mis alors à chercher sur Internet des voyages à vélo dignes d'intérêt. Il ne fallut pas longtemps pour que je tombe sur le tour du monde de Mark Beaumont. Son road trip solo, au cours duquel il avait parcouru 29 444,55 kilomètres en 194 jours, avait été abondamment suivi par la BBC et d'autres médias. Je ressentis un nœud dans le ventre, une pulsion. Une excitation qui ne s'avouait pas encore, mais qui venait de naître. *Ça*, ce serait l'aventure ultime. Le fait que je n'avais jamais vraiment fait de vélo rendait le défi plus grand encore, et le monde à découvrir plus intéressant.

Lorsque j'évoquai l'idée pour la première fois autour de moi, deux réactions m'accueillirent : blanc complet ou rires goguenards. Or, moquez-vous et ma détermination grandit. Lorsque j'ai une idée en tête, elle fermente un moment jusqu'à ce que je lâche l'affaire, ou que je la valide. Mais dites-moi juste que c'est *im-po-ssi-ble*, et la mèche s'allume en quatre syllabes. Chaque fois que l'on me dit que je ne peux pas faire quelque chose, une petite voix intérieure commence à compter : « Lancement missile dans cinq… quatre… trois… deux… un… »

Antonio a été l'un des premiers à qui j'ai parlé du grand projet *que j'allais réaliser*. Dès l'instant où j'ai pénétré dans son pub, le *Hickory*, peu de temps après mon arrivée à Naples, nous nous sommes très bien entendus et il est devenu mon meilleur ami (et le compagnon de mes plans barrés). L'anarchie générale qui caractérise le sud de l'Italie avait attiré la rebelle en moi, son climat ardent s'accordait parfaitement à sa population, et ce chaos organisé m'était très confortable, familier. Presque comme à la maison – non que je sache alors où était mon « chez-moi ». Jusqu'à présent, je n'avais été qu'une nomade. S'installer et vivre en un lieu fixe m'a toujours été pénible. Et c'est toujours le cas. Chaque fois que je commence à me sentir à l'aise quelque part, la bougeotte me reprend bientôt.

Rencontrer Antonio fut comme trouver une famille, ce qui me lia encore davantage à Naples comme à un foyer. Inutile de partager le même sang. La *famille*, ce sont ces gens qui vous soutiennent dans les bons et les mauvais moments, savent vos secrets, lisent vos silences, transcendent vos hauts et restent dans les bas. Si vous ne pouvez pas choisir vos parents, en revanche votre *famille*, oui. Selon un verset des Proverbes[3], « Il est tel ami plus attaché qu'un frère ». Le mien s'appelle Antonio.

Au début, il m'écoutait poliment, mais sans vraiment me prendre au sérieux. Comment aurait-il pu ? « Je veux faire Compostelle en intégrale… », « Je veux traverser l'Alaska en van… » : des projets grandioses, il en avait entendu une ribambelle. Alors ce tour du monde à vélo, ce n'était qu'un rêve de plus que cette fille oublierait vite, une fois qu'un nouveau rêve, encore plus farfelu, germerait dans sa tête.

« Écoute, tu sais quoi ? Cet été, on part en vacances à vélo », suggéra-t-il, croyant que cela m'arracherait définitivement à ma dernière lubie.

3. Ancien Testament, Livre des Proverbes, 18-24.

Nous dégotâmes deux bicyclettes bon marché pour pédaler de Berlin jusqu'à Copenhague en août. En somme, des vacances à vélo très relax, pas plus de 55 à 65 kilomètres par jour, et voilà tout. Sauf que. Ce ne fut pas tout, bien au contraire. Je ne voulais pas que ça s'arrête et je revins à Naples plus déterminée que jamais.

Alors que les températures chutaient ferme en automne après un été torride, je commençai à ressortir ce même vélo de vacances pour « m'entraîner » tous les matins. Antonio réalisa alors que c'était bien plus grave qu'il ne l'avait pensé, et s'employa aussitôt à me dissuader.

« C'est une bonne idée, Ju, avança-t-il prudemment lors de l'une de nos conversations les plus sérieuses, mais soyons réalistes. Même à un cycliste, il faudrait des années pour réaliser une chose comme ça. Et tu n'es pas cycliste. »

« Je vais le devenir », lui répliquai-je.

« Tu n'as même pas de vélo potable. Et où est-ce que tu vas trouver l'argent ? Un tel voyage, c'est cher, et même si tu le fais au plus serré, ça le restera. »

« Je vais trouver un sponsor. »

La conversation se poursuivit durant des semaines. Après avoir essayé les reproches, tenté les avertissements, invoqué l'impossible logistique ou imaginé tous mes destins tragiques possibles, Antonio se rendit à deux évidences. Un : rien ne pourrait me freiner. Deux : il ne pouvait accomplir qu'une seule chose. Laquelle ? Sauter dans le grand bain avec moi et espérer que nous ne nous y noyions pas ensemble.

À titre honorifique pour cette démonstration de loyauté suprême, il se vit décerner le rôle peu convoité de « Responsable de la logistique ». En somme, une vraie promotion.

En me documentant sur les tours du monde cyclistes – depuis Nick Sanders établissant le premier record en 1984 en roulant 13 000 *miles*[4] sur 78 jours, jusqu'à celui de Vin Cox en 2010 avec plus de 18 000 *miles*[5] en 165 jours –, je ne trouvai aucune mention de femme l'ayant seulement tenté. Par curiosité, j'adressai une candidature au Guinness World Records, indiquant mon intention de réaliser un tour du monde à vélo. La réponse confirma ce que j'avais déjà deviné : aucun record féminin n'avait été enregistré. Rien que cela me semblait incongru. Le monde était-il vraiment si dangereux pour les femmes ? Ou est-ce que les femmes étaient physiquement incapables de parcourir à vélo les mêmes distances et à la même vitesse que les hommes ? Il n'y avait qu'un moyen de le savoir. Ce jour-là, je décidai que si je m'apprêtais à être la première femme à faire le tour du monde à vélo, autant tenter le record masculin. Tant qu'à faire. *Go big or go home*[6], c'est bien ce qu'on dit, non ?

Guinness m'envoya un long document déroulant une liste de règles. Je devais parcourir un minimum de 18 000 *miles* uniquement à vélo, dans le sens est-ouest ou ouest-est, et la distance totale du voyage – y compris tous les transits par voie aérienne ou maritime – devait atteindre au moins 24 900 *miles*[7]. L'itinéraire devait débuter et s'achever au même endroit et croiser au moins deux points antipodaux (coordonnées GPS

4. 20 921,47 km.

5. 28 968,19 km.

6. « *Soit un homme ou rentre chez toi !* » Locution familière, également traduisible par « *Vise grand ou laisse tomber* », « *Mets le paquet ou abandonne* ».

7. 40 072,66 km.

à l'appui). Le chronomètre s'arrêtait au moment où j'atteignais un port ou un aéroport, pour traverser un océan ou tout autre obstacle infranchissable (telle qu'une zone de guerre) et reprenait dès l'atterrissage. On devait utiliser le même vélo tout au long de la tentative, mais on pouvait effectuer des réparations et remplacer des pièces en cas de panne mécanique. Un suivi par satellite était nécessaire, et je devais constituer un journal de bord quotidien qui constituerait une preuve documentée, en collectant toute la diversité officielle possible du monde : signatures de responsables administratifs, visas d'autorités patentées de tous bords, témoignages d'individus rencontrés sur le parcours, photographies prises à des endroits stratégiques et autres reçus, tickets et certificats localisables et vérifiables.

Comme il n'y avait jamais eu de record féminin, je décidai de viser le meilleur temps masculin en vigueur, soit 165 jours. Cela signifierait pédaler en moyenne 175 kilomètres par jour pendant plus de cinq mois. Pour quelqu'un qui n'avait jamais sérieusement fait de vélo auparavant, ni même beaucoup de sport tout court durant les dix dernières années, le défi physique à lui seul était déjà monumental. Mon CV cycliste frôlait l'épure : tour de la cour de récré aux Philippines, à six ans et avec des roulettes, et vacances d'une semaine avec Antonio. Tel était mon kilométrage. Et je ne connaissais quasiment rien à la mécanique, encore moins à la science du cyclisme.

Peu m'importait. Cela pourrait-il être si terrible ? Je m'engouffrai dans le challenge – ou plutôt l'enfourchai –, enthousiaste comme jamais, roulant chaque fois que je le pouvais, parcourant les rues napolitaines et d'ailleurs sur mon vélo de touriste hyperlourd, avec mes baskets ordinaires. Chaque jour, j'allongeais un peu plus la distance. Mon optimisme me mena loin, un peu comme le bourdon qui ne sait pas que, selon les lois de la physique, il ne devrait pas pouvoir voler. Donc il vole. En deux mois, j'ai pédalé 75 kilomètres par jour sans trop de difficulté.

***

Le deuxième obstacle, bien plus important, était d'ordre financier. Je prospectai auprès de toutes les grandes firmes sportives, en Italie et à l'étranger. La plupart ne répondirent jamais. Celles qui en prenaient la peine optaient pour le standard « pas intéressé, mais bonne chance ». Évidemment. Mon projet était tellement hors norme qu'il ne valait même pas la peine d'être examiné. Avec mon absence totale de palmarès ou même d'expérience, rien, vraiment rien ne me légitimait un tant soit peu pour un chantier aussi démesuré.

Après les nombreuses réponses décourageantes des grandes marques, Antonio commença à contacter les petites entreprises locales. La première – et la seule – réponse positive nous arriva de Mario Schiano. Sa famille fabriquait des vélos à Naples depuis plus de trois générations. Mario proposa de nous rencontrer pour en savoir plus sur mon projet, et envisager les modalités d'un soutien éventuel ; Antonio et moi nous rendîmes donc aux établissements Schiano à Frattamagiore, vaste entrepôt à la périphérie de Naples.

Mario nous attendait déjà. Nous le suivîmes dans un long corridor carrelé de gris jusqu'à son bureau du deuxième étage. Grand et dégingandé, il s'assit lentement jusqu'à se recroqueviller dans sa chaise, à l'extrémité de l'immense table de réunion. Là, il nous fit signe de le rejoindre.

« Bon, raconte-moi tout. Depuis le début. »

En tant que responsable des questions logistiques, je laissai surtout Antonio parler. Je n'ai jamais été à l'aise en italien, et je manquais de confiance en ma capacité à m'exprimer au plus juste. En outre, en plus d'être propriétaire du *Hickory,* il se trouve qu'Antonio exerçait comme gestionnaire de portefeuilles pour une banque ; la négociation commerciale n'avait donc aucun secret pour lui. Homme providence, talents multiples. Ce ne fut ni la première ni la dernière fois que je fus heureuse de l'avoir à mes côtés.

Mario écoutait attentivement pendant qu'Antonio décrivait le projet. « Donc, qu'est-ce que tu attends exactement de moi ? » finit-il par demander.

« J'ai besoin d'un vélo », répondis-je avant même qu'Antonio n'ouvre la bouche.

« Ce n'est pas un problème. On peut t'en donner un. »

Donc j'avais un vélo. Voilà. Juste comme ça.

« Tu as un entraîneur ? » poursuivit Mario.

« Non. Jusqu'à maintenant, je m'entraîne seule. »

« Un instant. » Mario composa un numéro et parla au téléphone pendant plusieurs minutes. « OK, dit-il en raccrochant. Il y a un coach spécialisé dans l'entraînement des cyclistes pour les compétitions. Il s'appelle Perna, Professeur Perna, et il dit qu'il peut t'aider à te préparer. Voici son numéro. Tu peux même y aller aujourd'hui si tu veux. »

Son nom complet était M. Umberto Perna, mais « Professeur » sonnait nettement plus *007,* alors je l'ai appelé comme ça. Ancien rouleur pro tapant la cinquantaine, je crois qu'il acceptait de me voir davantage par curiosité qu'autre chose. Lors de notre rendez-vous du lendemain, il me cherchait des yeux depuis la fenêtre de sa salle de sport lorsque j'arrivai en voiture, et me fit signe de passer par le côté.

« *Ciao, Juliana !* » En m'accueillant à l'entrée, il m'embrassa sur chaque joue, à la méditerranéenne. Les yeux bleu vif, les lèvres fines et ce long nez romain me semblaient étrangement familiers.

« Vous ressemblez à quelqu'un que je connais », lui lancé-je, pensive, avant de passer plusieurs minutes à réfléchir. Évidemment. « Sean Penn ! Vous pourriez facilement passer pour son frère. Vous savez, l'acteur ? »

« C'est vrai ? Tu trouves ? » Apparemment content. La glace était brisée, les choses sérieuses pouvaient commencer : élaborer un plan pour asseoir ma domination sur l'ultracyclisme mondial.

« Mario m'a un peu parlé de ton projet. Donc tu veux faire le tour du monde à vélo, c'est ça ? Tu partirais quand ? »

« Dans environ quatre mois, ce serait bien. »

« Ouf ! » Il leva les mains au ciel. « Alors on a le temps. »

Il était optimiste, moi pas du tout ; mais sa confiance en mon potentiel athlétique était rassurante. Peut-être était-il ironique ? Je n'en vis rien. Quoi qu'il en soit, l'interrogatoire débuta alors pour de vrai.

« Depuis combien de temps roules-tu ? »

« Eh bien, si je fais le compte… Je dirais quelques mois. »

« Combien de kilomètres es-tu capable de faire ? »

« Actuellement, environ 120 par jour. »

Surpris, le Professeur leva un sourcil en grognant.

« Quelles chaussures ? »

« Euh… ça. » Je pointai du doigt mes baskets.

« Attends. Tu fais du vélo avec *ça* ? »

À l'expression de son visage, manifestement, ça n'était pas la bonne réponse.

Le reste de l'entretien ne dura pas. Les instructions du Professeur étaient claires : « Remplace ces antiquités de pédales par des pédales automatiques. Trouve des chaussures à cales. Reviens quand tu auras les deux. »

J'achetai une paire de chaussures de VTT à cale-pieds, posai des pédales auto, et roulai avec dès le lendemain, en me demandant pourquoi tout ce chamboulement. Les cales étaient censées décupler les performances, mais la seule différence que je sentais, c'était la peur de rester scotchée au vélo en cas de chute ! Or, entre chaos routier et conducteurs anarcho-artistiques, Naples à vélo reste un parcours du combattant. Pouvoir s'éjecter et vite : ici, c'est vital.

Quelques semaines seulement après le début de l'entraînement, un huit roues rempli de marchandises me percuta en plein virage, alors que je négociais celui-ci sur une route étroite. Vitesse, croisement et impact, suivi d'un *tumbleweed* ponctué d'un *flip-double-roll*, finish *via* un atterrissage brutal sur les fesses. Le camion, lui, accéléra pour disparaître. Après l'état de choc, je fulminai que ce fumier ne se soit pas arrêté. Mais en se dissipant, l'adrénaline céda la place à la douleur et je filai à l'hôpital pour m'assurer que la tête n'avait rien pris. Scanners et radios confirmèrent ma chance : quelques égratignures, trois contusions, un poignet tordu et un bon mal de cou. Cela aurait pu être bien pire.

Ainsi s'invitèrent l'inévitable question du danger et la réflexion sur les risques auxquels un tour du monde en solo m'exposait. Si un pépin du même genre m'arrivait ailleurs, une agression ou un délit de fuite, peut-être serais-je alors en Turquie, en Inde, je ne sais où ; loin des secours et de chez moi.

Rien qu'une semaine avant l'accident, un ami m'avait demandé : « Tu n'as pas peur ? »

« Peur de quoi ? »

« Eh bien, que quelque chose t'arrive là-bas. Seule. Loin. »

Par définition, il y a toujours quelque chose à craindre dans ce monde, mais redouter l'inconnu me semble une vraie perte de temps et d'énergie. Vous aurez beau avoir inventorié, défini et prévu tous les risques, leur probabilité, leur niveau de mutabilité, la mutabilité de vos réactions, sans parler des réactions en chaîne, les vôtres, les hypothèses de 6e degré, etc., un camion vous heurte et toute votre planification s'évanouit. Bien sûr, rester au chaud ferait la différence. La solution serait celle de la maison, de la sécurité et de la prévisibilité d'un environnement familier. Celle de ne jamais s'aventurer trop loin, par crainte d'une myriade de dangers possibles. Probables. Ou pas. Alors aucun de nous n'agirait, ne *ferait* quoi que ce soit. Dès lors, à quoi bon vivre ?

Hendri avait beaucoup écrit sur la peur, chaque fois qu'il y était confronté avant de se lancer dans une mission. Désormais, ses paroles revêtaient pour moi un sens nouveau :

> Nous passons tellement de nos vies à exécuter des tâches arbitraires, et à craindre des choses qui jamais n'arriveront. Pendant les expéditions, tu expérimentes littéralement *l'extra-ordinaire*. Regarder la peur en face et composer avec elle, c'est le prix à payer pour pouvoir

accomplir des réalisations ultimes, et apprendre. Rien de grand ne peut être accompli si l'on n'ose franchir la barrière de la peur.

J'étais déjà bien au-delà de cette barrière. Tout ce challenge ressemblait à une chute libre, depuis une falaise, et sans parachute. Et pourtant, je n'avais pas peur. Rétrospectivement, tant de gens m'ont demandé pourquoi j'avais voulu faire le tour du monde à vélo. Honnêtement, je n'ai jamais eu de réponse vraiment satisfaisante. Peut-être qu'inconsciemment et profondément enfouie, j'avais l'intention de ne pas en revenir. Après Hendri, je n'avais plus rien à perdre.

Une semaine plus tard, je retournai donc chez le Professeur, prête à me transformer en une machine à rouler, teigneuse et affûtée. Des coupures de journaux fleurissaient sur le mur de son bureau parmi des photos de ses proches. L'une d'elles dévoilait une version nettement plus jeune et musclée de lui sur un élégant vélo de course. Par le passé, il avait été champion de Campanie.

Je l'interrogeai en pointant le cliché : « Quelle distance faisait cette course ? »

« 120 kilomètres », visiblement touché que je l'aie reconnu. Il enchaîna : « Avant, le cyclisme, c'était différent. Ceux d'entre nous qui s'entraînaient ne désiraient qu'une chose dans la vie : faire du vélo. Point. Mon entraîneur était une légende vivante. Il aurait pu faire de n'importe qui un champion. Alors que les jeunes, maintenant… » Il secoua la tête.

« Qu'est-ce qui a changé ? »

« Ils ne veulent rien sacrifier. Les parents ont de l'argent, ils peuvent avoir ce qu'ils veulent, alors va leur expliquer la beauté d'un défi. Pourquoi te battre pour un rêve quand tu peux avoir la belle vie sans bosser ? Sans l'effort ? »

Tout en l'écoutant, je ne pouvais m'empêcher de réfléchir : *quel accomplissement à réussir sans se battre ?*

« Les meilleurs cyclistes, les futurs champions, sont ceux qui viennent me voir sans rien, issus de familles pauvres, sans avenir. Alors le vélo devient tout pour eux, un mode de vie. Ils lui sacrifieront tout. C'est la seule façon de réaliser quelque chose de grand. »

La toute première mission du Professeur fut de régler ma selle et mon guidon pour m'assurer un maximum de confort, car j'avais senti des tensions au milieu du dos et des genoux pendant de longues heures sur le vélo. Puis il me mesura, me pesa, me tira et m'étira avant de finalement m'élaborer un nouveau régime alimentaire. J'avais besoin de prendre quelques kilos avant de partir, car, disait-il, je perdrai à la fois du poids et des muscles pendant ces cinq mois de vélo.

« Développer l'endurance physique, ça ne veut pas simplement dire pouvoir pédaler plus longtemps, expliqua-t-il. Tu dois accroître ta force et ta vitesse. »

Sur les deux mois à venir, son plan hebdomadaire intégrait trois sessions de vélo, deux de running et deux de renforcement musculaire. Ensuite, pendant les deux mois suivants, j'ajouterais progressivement davantage de cyclisme tout en réduisant le reste, jusqu'à rouler au moins huit heures pour la majorité des séances.

« Chaque fois que tu sentiras que ça devient trop facile, appelle-moi et j'en rajouterai. Mais écoute ton corps. Toi seule sais de quoi tu es capable. »

J'ai bien aimé le Professeur. Chacune de ses paroles contenait un trésor de sagesse.

« *In bocca al lupo*[8] *!* » me lança-t-il en sortant du bureau, comme l'on souhaite bonne chance à l'ancienne mode napolitaine. Et puisse le vieil adage conjurer le sort.

***

Je suivis à la lettre ses conseils : rouler, courir, soulever de la fonte. Tout ça, je l'ai fait. Je me levais à l'aube – défi en soi, car la nuit reste mon univers et j'ai du mal à me réveiller tôt. Ne parlons même pas de décembre et de ses petits matins glacés, lorsqu'il fallait s'extraire du lit pour aller s'entraîner dès six heures.

Vu le challenge que constitue faire du vélo à Naples, entre routes délabrées et conducteurs fêlés, j'accrochais celui-ci à la voiture et gagnais la campagne à plus d'une heure de route. Comme j'enseignais l'anglais l'après-midi et le soir, en semaine je pouvais rouler quatre à cinq heures tous les matins. Les sorties du week-end étaient bien plus longues.

Secrètement, je me demandais si le Professeur m'avait acceptée par charité, désœuvrement ou s'il croyait réellement en moi. Voire les trois. Dans chaque hypothèse, je sentais que si je m'accrochais, il jouerait le jeu pour me former au mieux. Qui sait, il était peut-être curieux de découvrir mes limites ? Dans le sud de l'Italie, une femme branchée cyclisme, ça n'était pas courant, et jamais le Professeur n'avait eu l'occasion d'en entraîner une, encore moins pour un défi de cette taille.

---

8. *« Dans la gueule du loup ! »*

« N'oublie jamais : même si tu échoues, tu auras tenté quelque chose que personne n'avait osé avant », me disait-il.

Même si tu échoues. Même si tu ne fais pas le tour du monde. J'entendais cela de plus en plus souvent. Apparemment, l'avis général alternait entre compassion et condescendance ; je ferais de mon mieux, je raterais, puis je rentrerais chez moi réconfortée par les « allez, essayer et échouer, c'est mieux que ne pas essayer » – dicton fort répandu chez ceux qui n'en sauront jamais rien.

Magasin de vélos bien connu, *Cicli Caputo* devint l'un de mes antres préférés. Le propriétaire, Mauro Caputo, était lui aussi un ami de Mario Schiano. Il me laissait traîner dans l'atelier et m'enseigna les réparations de base, comme remplacer une chambre à air, une chaîne ou des plaquettes. Pendant ce temps, Mario acheva de me fabriquer un vélo taillé pour la longue distance, avec suspension, freins à disques, et suffisamment de place pour un porte-bagages sur la roue arrière. Mauro l'assembla et réalisa tous les ajustements utiles.

De son côté, le Professeur n'arrêtait pas d'augmenter le kilométrage et de peaufiner mon plan dans tous les sens. Au bout de cinq mois, j'ai atteint son objectif de pédaler 175 kilomètres, cinq jours par semaine.

« C'est bon. Physiquement, tu es prête, me dit-il en juin. Je n'ai plus rien à faire. »

Physiquement, j'étais peut-être prête, mais concernant tout le reste, je ne l'étais absolument pas. Déjà, je n'avais toujours pas de sponsor, ce qui n'était pas surprenant, car personne ne croyait en mes chances de réussite. Pourquoi investir dans un échec (presque) écrit ? Initialement, j'avais prévu de partir en avril, mais je ne cessais de reporter mon départ dans l'espoir de décrocher un financement. Qui n'arrivait pas. Je sentais ma motivation faiblir au fil des jours. Si je ne partais pas bientôt, jamais je ne le ferais. Alors prête ou pas, soutenue ou non, je me fixai le 23 juillet et jurai de m'y tenir.

C'est alors que, le 11 juillet, je reçus un mail du Guinness World Records. Les règles avaient changé.

> Cher Candidat au Record,
>
> Par la présente, nous souhaitons vous informer qu'après de nombreuses discussions au sein de l'Équipe de Direction du Guinness World Records au sujet des records de « tour du monde le plus rapide à vélo - conformité » (homme et femme), le Guinness World Records a pris la décision qu'à compter de ce jour ne sera plus reconnue et enregistrée pour vérification que la durée complète du trajet (incluant tous transferts, temps de repos, etc.) et non le temps passé uniquement à bicyclette.
>
> Attendu qu'aucun record féminin n'a encore été établi dans cette catégorie, aucune tentative d'amélioration n'a à ce jour été réalisée. Cependant, le délai maximal accepté par le Guinness World Records pour toute première tentative réussie sera désormais porté à 150 jours, avec une distance totale minimale parcourue à vélo de 18 000 *miles* (28 970 km) et une distance totale parcourue par le candidat excédant la longueur d'un équateur, soit plus de 24 900 *miles* (40 075 km).
>
> Cette décision a été prise suite à de nombreuses délibérations et discussions internes au sein du Guinness World

Records, ainsi qu'à de multiples consultations externes. Nous pensons que ces modifications équilibreront la diversité des tentatives, les plaçant sur une échelle de valeurs uniformisée, et préserveront également l'esprit des records de circumnavigation, en cohérence avec le reste de notre base de données.

Nous vous prions de nous excuser pour toute gêne occasionnée, mais nous vous remercions de votre compréhension et vous souhaitons bonne chance pour votre tentative de record !

J'étais dévastée. Ça n'avait aucun sens. Aucun des records masculins n'avait été achevé en moins de 150 jours, sans même parler du temps cumulé – transits compris – que le Guinness exigeait maintenant. Pourquoi ces nouvelles règles drastiques, et précisément pour le premier record féminin ? Je ne pouvais que supposer que leurs auteurs n'y connaissaient rien, ou que les femmes étaient désormais soumises à des contraintes physiques plus strictes que les hommes ! Parcourir 28 970 kilomètres dans ce nouveau délai revenait à rouler près de 200 kilomètres par jour. Sans aucun jour de repos. En devant attraper le premier vol aussi vite que possible chaque fois que j'arriverais à un aéroport, et recommencer à pédaler dès que j'aurais récupéré mon vélo.

J'envoyai un mail à Guinness afin que l'on m'explique un règlement apparemment inventé pour moi toute seule. Pas de réponse. Je contactai donc les sièges britannique et américain et échangeai avec plusieurs responsables : personne n'a pu me répondre clairement. 150 jours ? Apparemment, on avait choisi un chiffre rond, joli, et parce qu'il sonnait bien pour quelqu'un qui n'avait aucune idée de ce que cela représentait. Mais il semblait que je n'étais pas la seule à ruer dans les brancards. Une semaine plus tard, cinq jours à peine avant la date du départ, second mail de Guinness. Moins loquace, plus compréhensif :

> Cher Candidat au Record,
>
> Après de nombreuses sollicitations et commentaires des candidats (hommes et femmes), au sujet du temps de référence pour la catégorie féminine porté à 150 jours, et considéré comme trop difficile, nous, Guinness World Records, avons décidé de porter cette limite à 175 jours ou moins.
>
> Merci et bonne chance pour votre tentative de record !

Au moins, c'était un peu plus réaliste, et je gagnais une once de répit en cas de maladie ou d'avion raté. Et pourtant, mon côté obstiné ne lâchait plus rien : on parlait bien de 150 jours ? Ce serait désormais mon objectif. Cependant, pour y parvenir, il me faudrait une nouvelle stratégie.

Je décidai de passer de mon vélo hybride[9], hyperconfortable mais hyperlourd, à un tout-carbone ultraléger. L'urgence était d'accumuler le maximum de kilomètres dans les plus brefs délais. Si je voulais le record, je ne devrais plus rouler, mais voler. Tout devait être léger et aérodynamique. Je retournai voir Mario – « Pouvez-vous me fabriquer un vélo qui ne pèse pas plus de 7 kilogrammes ? » – et Mauro – ce dernier

9. Mixant les caractéristiques d'un modèle routier et d'un VTT.

conçut une machine blanche et racée dont le cadre ne pesait que 6,8 kilogrammes.

J'abandonnai également le porte-bagages et les sacoches, pour leur préférer un petit sac léger en forme d'abdomen d'insecte qui s'accrochait sous la selle. Prévoyant de n'emporter que l'essentiel, je visais un poids maximal de 20 kilogrammes et devais donc organiser intelligemment mes bagages. La sacoche de selle contenait des vêtements de cyclisme de rechange, deux paires de chaussettes, une veste imperméable, une paire de gants, un T-shirt, un corsaire et une minitrousse de toilette avec déodorant, brosse à dents, dentifrice, crèmes solaire et hydratante. Le sac de cadre était rempli d'outils, chambres de rechange et autres accessoires d'entretien. Enfin, une poche de guidon contenait une trousse de secours, des médicaments et quelques vitamines. Scotché au cadre, un tracker GPS Spot transmettrait des mises à jour régulières sur ma vitesse, mon kilométrage et ma position vers le site web que j'avais créé. Cela permettrait à Antonio de me suivre même si je perdais tout réseau cellulaire. Pour réduire ce risque, j'emporterais deux mobiles : un vieux Nokia, petit et costaud, avec mon numéro italien ; et un smartphone que j'utiliserais avec une carte SIM du pays alors traversé.

Restait la question des transferts aériens. Chaque jour, je serais à la merci de toutes les pannes, problèmes, contretemps et autres imprévus qui pouvaient obliger à réécrire tout un planning. Il était donc inconcevable de réserver des vols ou des hébergements plus d'un jour ou deux à l'avance. Chaque étape serait une nouvelle aventure, et chaque soirée une inconnue.

Mon azimut initial était l'est, vers l'Asie, direction choisie par presque tous les autres prétendants. Apparemment, les vents seraient plus favorables dans le sens de rotation terrestre. Mais vu mon retard déjà copieux, il était maintenant bien plus logique de viser l'ouest et l'Amérique du Nord. Rouler sous la mousson ou face au vent ? Je choisis la seconde option.

À seulement quelques semaines du départ, je n'avais récolté que 4 000 euros. Mes amis en avaient offert la presque totalité, ainsi qu'Antonio et ses associés du *Hickory*. La plupart des *followers* qui suivaient mes préparatifs et avaient proposé de me rencontrer sur le parcours ou de m'héberger étaient nés et avaient grandi, comme moi, dans des sectes. Nous nous appelions nous-mêmes les « ex-enfants ».

J'ai été élevée dans la secte des Enfants de Dieu. Celle-ci, fondée en 1968 par un prédicateur raté, réunissait à Huntington Beach, Californie, une cour de hippies désenchantés qui scandaient « La révolution pour Jésus » et « En finir avec le système ». La génération de mes parents avait désiré s'affranchir de la société, alors tous s'étaient mis à bâtir leur utopie sur mesure ; et puis, ironie du sort, s'y étaient emprisonnés. Avec leurs enfants. À ma naissance en 1981, le culte s'était répandu dans plus de cent pays et comptait quarante mille « membres », dont au moins la moitié était des enfants nés et élevés en son sein. Mon enfance ne fut qu'isolement derrière de hauts murs, dans un monde écrasé par des règles, des restrictions, des interdits et des obligations. Immédiat ou lointain, mon avenir était soigneusement planifié et mes propres désirs ou rêves sacrifiés pour le bien supérieur de la communauté. J'en vins peu à peu à remettre en question leur version de la vérité. Naturellement.

Une société utopique ne fonctionne que lorsque tout le monde partage les mêmes aspirations et, plus sa population augmente, plus cela devient difficile. Des dissidents font leur apparition. Dès lors et pour contrôler ces derniers, cette même société se mue en dictature dystopique. Rapidement on m'estampilla rebelle. Or les rebelles ne s'acclimatent jamais bien à l'utopie des autres. Pour ce crime, je subis une multitude de châtiments visant à « me recadrer » – autrement dit à désintégrer toute pensée et volonté autonome de ma part. Au pays des gens sympas et joyeux, je vivais à la marge, partageant la compagnie des autres exclus ayant osé douter des règles et de l'idéologie. Et plus ils essayaient de me formater, plus je me révoltais.

Aussi loin que je m'en souvienne, j'avais déjà songé à m'échapper. Je grimpais régulièrement sur les toits pour observer les oiseaux et j'enviais leurs ailes, leur liberté. Depuis toujours vivait en moi le désir d'expérimenter, de voir au-delà de cette bulle hermétique. De savoir. Sans aucune idée de ce que je désirais, voire de ce que j'espérais de la vie, j'avais au moins une certitude : ce n'était pas le même rêve que celui de mes parents. J'aspirais à la liberté de suivre mon propre chemin et de faire mes propres choix. J'aurais aimé que mes jeunes frères et sœurs y soient eux aussi autorisés.

En 2004, peu de temps après que ma sœur aînée, Céleste, eut quitté le groupe, je pris la décision de suivre son exemple. Toutes les deux et avec Kristina, notre autre sœur qui avait réussi à s'échapper [10], nous avons ensuite écrit un livre, *Jamais sans mes sœurs* [11], qui relatait l'absence de droits humains fondamentaux et les abus répétés que nous avions subis en grandissant dans la secte des Enfants de Dieu. Nous avons créé une organisation caritative bientôt intégrée à la Safe Passage Foundation, organisme à but non lucratif fondé et dirigé par d'autres ex-enfants, qui soutient et défend les droits des personnes confrontées à la solitude, démunies ou tout simplement mal préparées à la vie dans « le monde extérieur ».

Lorsqu'ils tentent de réintégrer la société, l'un des problèmes majeurs de nombreux ex-enfants est cette idée médiatiquement pervertie que des êtres abusés sont définitivement et sans exception « endommagés ». Tous promènent ce stigmate comme un manteau puant et inamovible. En réalité, la plupart d'entre eux détestent être caractérisés, définis *via* le vocabulaire que l'on associe aux « sectes ».

Il n'y a pas pire question pour moi que celle, pourtant polie et banale, des présentations : « D'où viens-tu ? » Car je redoute l'échange qui s'ensuivra lorsque je répondrai très honnêtement « De nulle part ».

« Oh, allez ! Tout le monde vient de quelque part. »

« Moi pas. »

« Allez, sérieux. Tu es de quelle nationalité ? »

« Allemande. »

« Bien, donc, tu viens d'Allemagne. Où ça en Allemagne ? »

10. Écrasée par le remords, la mère des trois sœurs finira elle aussi par s'échapper en 1988, réussissant à emmener dans sa fuite Kristina, 11 ans. Juliana et Céleste ne parviendront à quitter la secte qu'en 2004.

11. Archipoche, 2017.

« Je ne sais pas. Je n'y ai jamais vécu. C'est la nationalité de ma mère. »

« Alors, où es-tu née ? »

« En Grèce. Mais je n'y ai jamais vécu non plus. »

« Eh bien… où as-tu grandi, alors ? »

« Partout. Dans un peu plus de trente pays en Asie, en Afrique et en Europe. »

« OK, tu viens vraiment de nulle part ! »

Et tout cela ne représente même pas le quart de la vérité. Quelle vérité ? Tellement simple, et tellement écrasante. La vérité, c'est que lorsque vous rencontrez quelqu'un pour la première fois, vous ne voulez pas l'écrabouiller d'emblée. Avec votre vérité. Bien plus facile pour les ex-enfants d'inventer de nouvelles identités, des horizons rêvés ou supposés – pourvu qu'ils soient factices – ou d'essayer de faire croire à nos personnages, quels qu'ils soient. Parce que laisser notre passé définir qui nous sommes et qui nous voulons devenir, cela signifierait échouer.

Il faut du courage et une force mentale certaine pour laisser derrière soi tout ce que l'on croyait savoir. Pour s'éloigner de sa famille, de ses amis et de son identité, puis recommencer sans plus rien, ni argent ni biens, sans aucun rudiment d'instruction ni même de savoirs élémentaires tels qu'ouvrir un compte bancaire, faire un chèque, rédiger un CV ou s'inscrire à l'université. Peu de gens savent ce que signifie *concrètement* repartir à zéro. Lorsque vous refusez tout ce qui constituait votre vie d'avant, réfutez ce que vous saviez et perdez tout ce que vous avez aimé, vécu, ce en quoi vous avez cru, lorsque vous vous déracinez pour renier jusqu'à votre propre identité, lorsqu'enfin il ne vous reste plus rien, vous abandonnez la peur de la perte elle-même, et là est peut-être la plus grande émancipation que l'on puisse éprouver. À ce jour, beaucoup de mes amis ex-enfants sont les êtres les plus forts, les plus conscients d'eux-mêmes et les plus empathiques que je connaisse.

Si la somme de nos expériences est ce qui nous constitue, alors grandir sans parents et en déménageant sans cesse m'a enseigné l'indépendance, l'autonomie et l'adaptabilité. Ma tête est vraiment dure et aussi mes épaules, et je peux endurer beaucoup de douleurs, physiques ou mentales. Pas étonnant que je me sois sentie à la hauteur d'un tour du monde à vélo, aussi ardu fût-il. Hendri disait que les métaux les plus solides ne se forgent qu'à très haute température. C'était exactement mon itinéraire : passer par le feu. Pousser l'esprit et le corps à leurs limites, découvrir jusqu'où je pouvais aller et ce que j'étais capable de faire et d'encaisser. À la fin, peut-être trouverais-je une espèce d'accomplissement de moi-même, ou alors resterais-je aussi ignorante. Mais à bien y réfléchir, l'arrivée n'était pas l'objectif. Tout était question de chemin.

Et Pégase arriva. Ainsi baptisai-je mon nouvel étalon blanc, que Mauro finit d'assembler dans sa petite boutique. J'eus dix jours pour apprendre à piloter ce vélo de route ultraléger. La position de conduite était totalement différente de celle de l'hybride ; instable, inconfortable et même maladroite au début. Je sortis avec l'équipe de Mauro afin d'améliorer ma technique. Les plus âgés roulaient patiemment tout en me donnant des conseils tels que les meilleures positions selon les types de terrain, la façon de se tenir debout sur les cales, ou le bon moment pour attraper le milieu du guidon dans les côtes. Pégase et moi chancelions sur les routes ; nous sommes tombés plusieurs fois. Dans l'impitoyable boxon du trafic napolitain, j'étais plus paumée qu'un faon dans les pattes d'un troupeau de buffles affolés. Il s'agissait moins d'améliorer mon petit niveau en pilotage que de devenir une vraie pro de la chute.

Mauro m'accompagna à son tour sur quelques sorties, afin d'évaluer ma position et ma technique. Son diagnostic final fut terrible, mais il n'eut pas le courage de me l'avouer en face. Il se confia donc à Antonio : « Juliana n'est pas prête. Ça prend du temps, parfois des années, pour devenir un bon cycliste. En roulant tel qu'elle le fait actuellement, elle ne peut pas faire le tour du monde. Si j'étais toi, j'essaierais de la convaincre d'attendre. Un an. » Antonio me passa consciencieusement le mot.

« Lorsque je reviendrai, je serai une bonne cycliste », lui répondis-je. *Si je reviens*, me disais-je.

Plus je me rapprochai du départ, plus mon horizon se chargeait d'idées noires. Le jour, c'était la valse des pourquoi-comment-peut-être. La nuit, des rêves aussi bizarres qu'inquiétants hachaient mon sommeil. Au cours de l'un d'entre eux, je tentais vainement de désamorcer une bombe. Quelques secondes avant la détonation, je m'entendais clairement penser : *mon esprit survivra-t-il ou est-ce que ce sera comme si je n'avais jamais existé ? Au moins, je ne vais pas tarder à le savoir*. Puis l'explosion, cataclysmique, hurlante, jusqu'à sentir mon corps se désintégrer pour ne rester que cendres, s'envolant dans un souffle. Sans plus de sensations ni de forme, je n'étais plus que l'air lui-même, et cependant consciente que *si j'étais encore capable de penser en cet instant, alors c'est que je devais toujours exister*. Une autre nuit, je me retrouvai en train de flotter au plafond de ma chambre, désincarnée, observant mon propre corps endormi.

Peut-être était-ce mon subconscient qui se chargeait de gérer l'introspection et les doutes que je refoulais à tout prix, voyant l'inconnu se rapprocher. Car la réalité était bien là, imminente et toujours plus concrète, et j'avais beau fanfaronner, j'étais saturée de doutes. Au fond, étais-je vraiment à la hauteur ? Je ne parvenais déjà pas à croire que j'avais pu en arriver là. On dit qu'à l'heure du départ, la moitié de la course est déjà faite. Ça y ressemblait terriblement.

J'avais passé huit mois à m'entraîner et à ne vivre que pour ce jour. Mais lorsqu'il arriva enfin, j'étais juste soulagée de ne plus devoir y penser. Les amis n'arrêtaient pas de me demander si j'étais *emozionata* (excitée, fébrile), mais je ne ressentais qu'un détachement très calme. Pensée ralentie, puis stoppée. Silence intérieur en place. Disparu, le questionnement sur moi-même ou mes motivations. Oublié, le doute d'être mieux ou moins bien préparée. Nous y étions. Plus de retour en arrière possible.

Ce matin-là, chacun de mes gestes avait une étrange saveur de fin. L'achèvement de quelque chose, plutôt que le début d'une autre. Rouler hors du lit, faire mon sac, fermer la porte de l'appartement – tout cela accompli comme une ultime cérémonie. Si jamais quelque chose devait se produire et que je ne revenais pas, j'avais conscience que c'était probablement la dernière fois que je le faisais. Comme projet d'avenir, la ligne d'arrivée d'un tour du monde, on a vu plus cartésien. Le genre d'objectif dicté par une multitude de « si » et de « peut-être ». Alors une chose à la fois. Pour le moment, ma seule certitude était que, dans moins d'une heure, je clipserais mes pédales et quitterais Naples à vélo.

Mario est déjà sur la place avec sa famille et son équipe, à installer la ligne de départ. Les caméras de télévision et les journalistes arrivent, attirés par la présence de l'actrice Maria Grazia Cucinotta, marraine autoproclamée de l'événement. Le maire, quelques politiciens du Parti vert et un chanteur populaire napolitain dont je n'ai jamais entendu parler, se sont pointés pour la séance photo. J'ai l'impression d'être la mascotte à selfie.

« Ju, il est déjà presque onze heures. C'est l'heure. Il faut signer le journal de bord et partir. » Antonio se tient debout, au coude à coude, suffisamment nerveux pour nous deux.

Pégase et moi sommes ornés d'une immense corolle de piments, symbole napolitain de la bonne fortune. Une grappe de minuscules poivrons rouges pend du guidon, gracieuse attention du Professeur. D'autres pendent à mes poches et à mes sacoches. *Si les piments attirent la veine comme l'ail éloigne les vampires, alors je suis blindée contre la malchance.*

Antonio me tend le journal de bord relié de cuir bleu que le règlement du Guinness World Record m'impose d'annoter quotidiennement. En ouvrant la première page, j'écris au sommet de quatre colonnes : « Date et heure », « Lieu », « Nom », « Signature ». Officiels et célébrités se réunissent pour signer. Tout ça est un peu surréaliste, comme si la scène se déroulait autour de moi, et non pour moi. Derniers flashes, un groupe de cyclistes de Schiano me suit, prêt à m'escorter hors de la ville, la foule s'écarte et me montre le chemin jusqu'au départ. Puis, d'une voix unanime, le compte à rebours commence.

« *Dieci… nove… otto… sette…* » J'enclenche la pédale gauche. « *Quattro… tre… due… uno… Vai ! Allez Julianaaaaa !* »

C'est parti.

Je quitte la place pavée pour la Via Domiziana, l'ancienne route côtière romaine mène hors de la ville. Sans doute attendaient-ils, les nuages explosent à ce moment. Tout en pédalant sous le déluge, je commence à réfléchir : dans quelle galère me suis-je embarquée ?

Chapitre 2

À TRAVERS L'EUROPE

25 juillet

Sur la route de Gênes, le refuge de montagne situé près de Massa promet un bon lit et un repas copieux, que l'on partage autour d'une longue table en bois rustique à souhait. L'Italie regorge de refuges aussi économiques que nombreux. Poussée par l'exaltation et l'adrénaline, j'ai bien avancé le long de la côte ouest depuis Naples, parcourant 645 kilomètres en trois jours.

Mais ce soir, la fatigue a fini par me rattraper. Tel un zombie, j'observe les plateaux de salami et de prosciutto poussés sous mes yeux par une guillerette famille allemande. Les Allemands ont toujours l'art de surgir comme par magie dans les endroits les moins probables. Plus le village est paumé, plus il y a de chance que vous croisiez un voyageur allemand errant dans le coin – attention, juste un ou deux, pas plus. Déconcertant, tout autant que leur répulsion absolue à découvrir d'autres Allemands au même endroit.

« Nourrir le cycliste » : la soirée à thème est claire. Des platées surréalistes de pâtes et de légumes apparaissent comme par magie dans mon assiette. Je mâche mécaniquement, plus épuisée qu'affamée, légèrement patraque après tant de soleil. Les étés méditerranéens sont étouffants, et pédaler en plein midi équivaut à cuire sur place. Malgré plusieurs épaisseurs de crème solaire +50 sur le visage et les bras, j'affichais cinquante nuances de cramoisi lorsque je suis arrivée au refuge.

Barbu et basané, le gardien s'approche tandis que je termine mon dernier ruban de lasagnes. « J'ai entendu dire que tu traversais le monde à vélo ! Énorme ! Moi aussi, je suis un peu aventurier. Ce serait génial si tu me racontais tout ça autour d'une bouteille bien fraîche. On s'assied à l'autre bout de la table ? »

En fin de compte, c'est lui qui raconte, et ça me va bien. Trop fatiguée pour faire la causette. Exhumant une pile de magazines jaunis, il se met à feuilleter joyeusement des pages cornées remplies de photos de sa jeunesse, pendant qu'il me régale de ses aventures européennes à dos d'âne, à cheval ou en Vespa.

« Mon préféré, c'était l'âne, me glisse-t-il dans un soupir complice que j'attendais comme conclusion, *mais ne le répète pas au cheval*. Une des bêtes les plus fiables et les plus robustes lorsqu'il s'agit de traverser des montagnes. »

Plus il boit, plus il devient remuant et volubile. Puis le voilà qui sort une guitare et se met à chanter, illustrant ses récits toujours plus vivants, jusqu'à ce que le fameux *burro* [12] en question ne soit convoqué lui-même, la pauvre bête endormie étant alors tirée de son enclos et menée jusqu'à la table, pour recevoir l'hommage lyrique de son maître. La longue ballade

12. Âne, en espagnol. Qualifie également une personne stupide, un « bourricot ».

chante sa peau noire et brillante, ses longues oreilles et ses yeux cerclés de blanc – tandis que, blasé, mais flegmatique, l'animal doit attendre le dernier couplet pour approcher le bouquet d'épineux bien juteux qu'il reluque.

Je me sens un peu comme cet âne, n'aspirant qu'à dormir, mais trop polie pour interrompre l'Artiste. Heureusement, pas de protocole chez les *burros*, la bête se rebiffe – Dieu que j'aimerais pouvoir l'imiter. C'est donc immensément soulagés que nous rejoignons enfin, lui ses herbes folles, et moi mon oreiller.

28 et 29 juillet

Après les premiers jours de plat le long de la côte nord vers Gênes, j'entame la première grande ascension de ma traversée de l'arc alpin. Certes, ce n'est pas un haut col, mais tout de même une rude montée de 20 kilomètres sous des températures éprouvantes. La sueur me pique les yeux et ma tête évoque une Cocotte-Minute au bord de l'explosion. Une bouteille d'eau entière y passe, rien qu'en m'arrosant la tête et le cou.

Pégase se met à cliqueter bizarrement dans la côte, puis le bruit empire après avoir passé la frontière française de Vintimille. Dégradation en chaîne : apparition du café français. Mais je ferais mieux d'arrêter d'espérer un vrai *espresso*, pour apprécier plutôt les choses essentielles ; par exemple, les automobilistes disciplinés. Contrairement aux Italiens, les Français conduisent lentement et prudemment, ce qui peut expliquer pourquoi je n'ai pas croisé beaucoup de carambolages. Je décide donc que la mortalité routière quotidienne d'un pays constitue un bon portrait-robot de ses conducteurs.

Les routes italiennes étaient constellées de chats morts, parfois de chiens. À comparer, à part ses hérissons bizarres, la France paraît relativement propre. Du moins, en cadavres.

Faire du vélo dans le sud de la France est un plaisir absolu. J'ai pris mon rythme et mes habitudes, progressant à une allure confortable, stoppant tous les 50 kilomètres pour me restaurer. Cette campagne ressemble beaucoup à celle du nord de l'Italie, mais en plus propre et mieux aménagée. Toisées par de vastes fermes, des vignes soigneusement alignées et recouvertes de grappes mûres composent le paysage que viennent ponctuer de pittoresques villages de pierre. Les Français du Sud sont merveilleusement amicaux et arrangeants. Bien que peu d'entre eux parlent anglais, tous me pardonnent mes lacunes linguistiques et se démènent pour m'aider – en français – même lorsque je ne comprends manifestement RIEN.

Aujourd'hui, la manette de vitesse gauche a totalement cessé de fonctionner ; je suis donc obligée de pédaler sur un seul plateau jusqu'à la première ville dotée d'un magasin de vélos. Mon mécanicien est chauve, porte un T-shirt noir, avec une tête de mort en pièces de vélo. Il secoue la tête, claque la langue. Ça a l'air sérieux. Il démonte mon dérailleur avant pour me montrer les dégâts : un trou perce le métal. Comment ai-je réussi à faire cela en seulement cinq jours et à peine plus de 965 kilomètres ? Peut-être que je n'utilise pas correctement les vitesses en montée ? Le vélo étant neuf à mon départ, vitesses et dérailleurs avaient-ils besoin d'être réajustés après seulement quelques centaines de kilomètres ? Et d'abord, qu'est-ce que je connais à la mécanique ? J'apprends déjà à *faire* du vélo correctement ! Ceci étant, désormais je ferais mieux de m'y intéresser, et vite. Car ma technique ou son absence finiront par me coûter cher en entretien. Le mécano jette le dérailleur usagé à la poubelle et le remplace par une pièce d'occasion à vingt euros. Il travaille vite et, une demi-heure après, j'ai repris la route. Toujours dans les temps pour atteindre Avignon au coucher du soleil, comme prévu.

Mes sœurs Mariana et Lily vivent toutes les deux dans le sud de la France, et ont insisté pour que j'accepte leur hospitalité en cours de route. Vu mon budget serré, je leur en suis vraiment reconnaissante. Pouvoir être logée et nourrie sans frais, c'est l'avantage inestimable d'avoir dix-sept frères et sœurs dispersés de par le monde. Notre père croyait en un amour généreusement partagé, et il joignit le geste à la parole. Selon la théorie de l'évolution, son taux de reproduction constitua une performance exceptionnelle ; mais lorsqu'il fallut s'occuper de la progéniture de ses multiples partenaires, ce fut un échec tout aussi exceptionnel. Frères et sœurs, chacun de nous tâchait de compenser ce déséquilibre en prenant soin des autres. Hier soir, à Antibes, Mariana, un an de plus que moi, a lavé mon linge puant, m'a cuit un steak et même laissé son lit. Ce soir, je rejoins Lily au *Gambrinus*, son bar préféré à Avignon.

Elle m'attend déjà dehors. « Juju ! »

« Snork ! »

Parmi la très longue liste de mes demi-frères et sœurs, Lily est ma seule sœur *entière*, bien qu'avec notre melting-pot génétique proche du bâtard, cela reste difficile à affirmer. J'affiche le hâle d'une Sud-Méditerranéenne et les pommettes de notre grand-mère paternelle polonaise, alors que Lily promène le pâle teint gallois de notre grand-père et le physique long et élancé d'une aristo. Quelques taches de rousseur et un petit nez rond finissent d'affirmer son apparence d'enfant effrontée et espiègle. Mais c'est probablement son ronflement, proche du cri de guerre de l'hippopotame enragé, qui poussa notre frère Victor à la surnommer Snorky[13]. Avec le temps, elle perdit l'insolence et le ronflement, mais pas le surnom.

« Ce matin, j'ai appelé un journal local quand j'ai su que tu passerais par ici. Le journaliste est déjà là. Ça ne te dérange pas, j'espère ? »

Pendant que je me bourre les joues à coups de burger-frites, la journaliste m'interviewe sur le vélo. Trop affamée pour la politesse, je réponds entre deux bouchées. *Quel est mon parcours ?* Direction le nord de l'Espagne. *D'où suis-je partie ?* Naples. *Et Avignon, j'aime bien ?* La vie culturelle est foisonnante, et j'ai adoré venir au festival l'an dernier.

Après son départ, je relâche enfin la pression avec une bière, et me détends avec ma sœur. Pour ce qui est des goûts et des couleurs, nous serions presque jumelles ; et pourtant de personnalités diamétralement opposées. Un peu comme cette limite ténue qui différencie le fou du génie – Lily dans le rôle du génie. Malgré nos chemins très différents, nous parvenons généralement aux mêmes conclusions, ce qui pourrait expliquer pourquoi nous n'éprouvons jamais de désaccord fondamental. Nous avons passé le plus clair de nos vies éloignées. Les dirigeants de la secte séparèrent nos parents alors que je n'avais que quatre ans et que Lily était encore *in utero*, six mois plus tard. Maman a été renvoyée en Allemagne avec Mariana et notre frère de deux ans, Victor, tandis que je demeurais aux Philippines dans des familles d'accueil successives. Nous avons fait connaissance pour la première fois dix ans plus tard,

13. *Ronfleuse.*

moi adolescente maladroite, et elle, neuf ans, dégingandée et une dentition anarchique. Depuis ce jour, peu importe où et quand nous nous retrouvons, c'est toujours la même alchimie. Deux poissons dans le même courant affectif, molécules du partage, compréhension instinctive.

« Tu dois être épuisée. »

« Je pourrais m'endormir sur place. »

« Je ne sais pas comment tu fais pour encaisser une telle distance chaque jour. »

« Moi non plus. J'espère que je tiendrai. »

« T'es folle, oui. »

« C'est ce que tout le monde pense. »

Lorsque je demande l'addition, la femme du propriétaire secoue vigoureusement la tête, me sourit radieusement et dit rapidement quelque chose en français.

« Ta note est déjà payée », traduit Lily.

« Par qui ? »

Lily hausse les épaules.

« T'inquiètes. On s'en occupe. »

Évidemment, je soupçonne ma sœur.

« *Merci*, dis-je à la femme. *Merci beaucoup.* »

Elle m'embrasse trois fois, puis me glisse 70 euros dans la main.

30 juillet

Le cadeau inattendu du propriétaire du *Gambrinus* est vite suivi d'un second. Tôt le lendemain matin, je découvre au réveil une enveloppe glissée sous la porte par la logeuse de Lily, contenant 200 euros. Moins d'une semaine après mon départ, ces premiers gestes de générosité sont encourageants. Après tout, peut-être parviendrai-je à faire le tour du monde sans sponsor ?

Quelques jours auparavant, j'ai appris qu'un incendie faisait rage dans les Pyrénées, à la frontière franco-espagnole. Quatre morts et vingt-trois blessés. Je ne sais pas à quoi m'attendre au moment où j'atteindrai la région et crains de devoir modifier mon itinéraire pour effectuer un détour.

Pour le moment, le trafic semble normal à mesure que j'approche de la frontière de La Jonquera, mais ce n'est qu'après avoir traversé que l'image m'arrive en pleine face. C'est l'apocalypse qui vient de raser la campagne catalane. Lavis panoramique, gribouillage au fusain, le paysage n'est plus qu'une carcasse noircie. Le sol à nu ondule comme une dune de cendre grise et de ridicules souches carbonisées rappellent qu'ici s'étendaient de profondes forêts. Seules les coquilles vides des maisons ravagées ponctuent les collines.

Cette dévastation s'étend sur au moins 15 kilomètres avant que la vie ne reprenne progressivement ses droits. Manifestement, le feu s'est propagé en un éclair. Le nord de l'Espagne est sec et rocailleux, presque désertique. À perte de vue, ces mêmes pins d'Alep, ces mêmes épineux s'extrayant d'ocres rosâtres, parfois barrés par des champs de blé mûr à échelle industrielle. En été, les températures dépassent aisément les 40 degrés et sans même une brise, la chaleur est irrespirable. Lorsque le vent souffle, de puissantes rafales exhalent la putréfaction tiède de l'engrais qui cuit au soleil.

2 août

La route s'aplanit à travers l'immense pampa du centre de l'Espagne. Cette étape est triste et sans surprises, mais au moins je peux appuyer. Aussi copieux en audio que sur papier, *Guerre et Paix* de Tolstoï m'a tenu compagnie durant ces longues heures. Vent de dos presque tout le temps, j'ai parcouru 280 kilomètres chaque jour, mon nouveau record.

Le but est d'atteindre Porto le 4 août. Vingt-quatre heures de plus et le prix des billets pour les États-Unis doublera presque. Il me faut azimuter au plus court. Je longe donc l'autoroute [14] et avance bien, jusqu'à ce qu'un véhicule de la Guardia Civil m'arrête. Deux policiers. Pas un seul anglophone. J'opte donc pour la technique de l'étrangère niaise. Peu efficace au vu de leurs faces de cerbères et de leur volume sonore : même en espagnol, je devine à leur colère que c'est sérieux ; il semblerait que je sois un danger public. Adieu vitesse et efficacité, ils m'ordonnent de les suivre hors de la voie. Désormais, je devrai m'en tenir au réseau secondaire, ses tours et détours sans logique, et ses chantiers poussiéreux.

Alors que la frontière portugaise approche, l'évolution de la flore laisse présager la force des vents contraires qui m'attendent : tous les arbres penchent clairement vers l'est. Et plus

14. L'autrice emprunte régulièrement les *highways* (autoroutes). En termes de voierie, ces axes s'apparent aux « nationales » ou aux « deux fois deux voies » françaises. Mais en termes d'accès, les règlementations diffèrent selon les pays traversés. Nous avons donc conservé la dénomination « autoroute » du texte original, réseau routier qui n'inclut pas nos barrières de péage.

le vent forcit, plus le terrain se vallonne. Je découvre que le nord du Portugal est presque exclusivement montagneux.

3 août

Dernier jour en Europe, et ça commence mal. Alors que j'ânonne sur une rue pavée de Bragança, les secousses expulsent mon iPhone hors de son support guidon. Après un vol plané, le téléphone retombe lourdement et j'entends le verre craquer lorsque je roule dessus. L'écran est fendu de bas en haut, mais l'appareil fonctionne encore, ce qui touche au miracle, car je n'aurais pas pu m'en payer un neuf.

Les Portugais sont adorables, beaucoup plus détendus que bon nombre de leurs homologues méditerranéens. La nourriture est copieuse et roborative – beaucoup de viande, de riz et de pommes de terre. J'ai refait le plein de calories, et même du stock. L'ultime coup de reins jusqu'à Porto s'est avéré le plus dur. Engluée dans un relief sans fin, j'en ai pleuré d'épuisement, mais ça en valait la peine. Plus je m'élève, plus le panorama est hallucinant. Le couchant atteint l'harmonie pure, façonnant des ombres profondes au travers des arbres, qui répondent aux dégradés de rose et d'orange.

Malgré l'usure physique des ascensions, je reste captivée. Ce contraste intense entre douleur et beauté me semble parmi les expériences de vie les plus émouvantes. La souffrance vous ramène aux fondements de l'existence. Elle vous rappelle votre fragilité, votre mortalité, votre finitude.

« Sans souffrance, l'homme ne connaîtrait pas ses limites, il ne se connaîtrait pas lui-même. » L'acteur britannique qui lit

Guerre et Paix dans mes écouteurs évoque l'évolution de l'un de ses héros, gras, riche, et confronté à l'horreur de la guerre. Excellent timing. J'ai fait le choix de parcourir la planète à vélo précisément pour aller toucher les limites de mon existence, voir de quoi j'étais capable physiquement, mentalement. La douleur accélère le tout, vous place d'office sur la voie rapide. Puiser à l'extrême pour gravir la montagne de plus, puis une autre, et encore une autre, pousser mes jambes jusqu'à la rupture, l'acide lactique qui déborde, les muscles tétanisés et les poumons en feu : l'esprit commence à jouer contre la matière.

Au moment d'atteindre enfin le sommet, en regardant tout ce que j'ai grimpé, et ces collines boisées, comme si des vagues fleuries disparaissaient au loin, j'ai envie de rire, de pleurer, de hurler *Je suis la reine de la montagne !* Ce shoot, aucune drogue ne peut vous le procurer. Je me sens aussi puissante et invincible que le Bon Dieu. Je suis Dieu.

« Qu'attendre de plus d'une aventure que l'émotion elle-même ? » Hendri avait écrit ça un jour, de retour d'une énième expédition.

Bien sûr ! Oui, Hendri. J'acquiesce en souriant tout au long de la descente, tandis que le soleil plonge peu à peu pour s'effacer tout là-bas.

La glutamine en poudre ajoutée à l'eau du bidon m'aide à récupérer juste assez pour achever les trente derniers kilomètres jusqu'à Porto. Il est 22 heures et la nuit tombe lorsque je pénètre enfin dans le centre-ville, définitivement vidée. J'ai tout juste le temps d'emballer Pégase, d'avaler deux dîners, et d'attraper le premier vol à l'aube pour Boston.

En 12 jours, j'ai parcouru 2 732 kilomètres à travers l'Europe de l'Ouest, pédalant en moyenne 228 kilomètres par jour. Je sais que je ne pourrai pas tenir ce rythme indéfiniment, mais, au moins, j'ai un peu de réserve pour les coups de moins bien qui arriveront inévitablement. Depuis le jour où j'ai lu *Sur la route* de Kerouac, traverser les États-Unis fait partie de ma *to-do list* existentielle. On m'aurait dit que je le ferais à vélo, jamais je ne l'aurais cru. Moi, excitée ? Un euphémisme. Pire.

Chapitre 3

FAUSSE ROUTE

5-8 août

On dirait Homer Simpson en vrai, mais en plus intelligent. Tom a le cœur sur la main, il est sans chichis, aime les donuts et la bière, et travaille même dans une centrale nucléaire. Ses amis le surnomment Oncle Shine[15], et ça lui va comme un gant. Tom est un type cinq étoiles. On s'est liés d'amitié sur Facebook après qu'il a lu mon premier livre et généreusement soutenu la Safe Passage Foundation, et ce à plusieurs reprises. Lorsqu'il a su que j'allais passer par sa ville natale de Boston, il a décidé de prendre quelques jours de congé pour m'accompagner en voiture. Mais je n'avais encore rien vu. Tom a également payé mon vol et les frais de ma première semaine aux US.

Je l'ai retrouvé il y a quelques jours en train de causer avec deux jeunes Irlandais dans un bar de l'aéroport de Boston, après avoir atterri et désemballé Pégase. Bière à la main, il était clair que Tom n'avait pas perdu une minute pour leur fournir chaque détail de ma tentative de record.

15. *Tonton-la-Bonne-Étoile.*

« Plein ouest vers Seattle ? Personne ne t'a dit que tu étais partie du mauvais côté ? » m'a fait l'un d'eux.

Ce refrain est déjà un vrai tube. Mais qu'il se rassure, je les appréhende chaque jour, ces fameux vents contraires, et j'apprends comment éviter de les affronter tête baissée.

Rien de plus abrutissant physiquement et mentalement que de pédaler face au vent. Ça vous siphonne le moral, vous sape les jambes, et vous donne envie tantôt de crier, tantôt de pleurer, voire de cogner sur le guidon. Voire les trois en même temps. Or, mon programme est clair : chaque jour, ce sera pente de vingt pour cent et vent dans la figure. Pas le choix, c'est comme ça et je le savais. Moralité ? Inutile d'argumenter, car ils ont *tous* raison : en matière de vent, je fais superbement fausse route.

Mon premier jour en Amérique a été sinistre. Savant mélange de vent, de collines et de pluie. En pédalant sous l'averse quelque part près de Boston, j'ai crevé pour la première fois. À peine le temps de remplacer la chambre à air que deux voitures de police avaient déjà stoppé pour savoir si tout allait bien – à cinq minutes d'écart. À coup sûr, les automobilistes avaient dû appeler le 911 ; c'est fou ce que l'on a vite l'air d'être *en détresse*. « Ça va, Miss ? » m'a demandé le second flic. Trempé, frigorifié, et passablement énervé. Mais *ça va* quand même, Miss ? Ben oui, mon gars. Il a fait son tour à me regarder bosser, inutile, ou empoté.

Tom est enfin arrivé, quittant sa voiture bien chaude vêtu d'un simple short et d'un long débardeur bleu. Il avait remarqué que mon tracker GPS s'était arrêté et décidé de rebrousser chemin pour me retrouver. Comme la police, mais cette fois pour raisons Guinness, il ne pouvait quasiment rien faire en matière d'assistance directe. Mais lorsque ça va mal, le sourire d'un ami peut tout changer.

« Ma grande, quand tu en auras fini avec l'Amérique, tu vas la détester pour un moment », m'a-t-il fait alors que je regonflais le pneu et fixais la roue. Sa peine était sincère à l'idée que les collines, une nature parfois brutale et des crevaisons puissent me laisser une image négative du pays qu'il aimait.

« Les collines, les crevaisons, le vent et la pluie… Tu sais, c'est très courant, dans le monde », l'ai-je rassuré.

En réalité, je n'ai jamais autant crevé qu'en Amérique. Sur ce point, rien que de très banal ici. Les routes américaines sont jonchées d'éclats de métal issus de pneus de camion explosés. Après la lutte contre les vents, ma deuxième occupation quotidienne consiste donc à réparer. Perte de temps effrayante. C'est clair, il me faut de nouveaux pneus. Mais ce n'est pas fini. Depuis mon arrivée, la manette droite fait désormais des siennes, ne cessant de sauter et ne m'autorisant qu'à pédaler sur la plus haute ou la plus basse des vitesses.

Dans un magasin de vélos, le mécanicien hors d'âge ne semble pas savoir ce qu'il fait. « Ah, c'est du SRAM RED. J'ai pas trop l'habitude… » avoue-t-il en se frottant la tête. Il jette pourtant un œil en essayant de régler les câbles, mais le mécanisme saute toujours. « Je crois bien que tu vas devoir changer le levier complet. »

Six cents dollars au bas mot – ce pourrait être six mille, l'addition serait tout aussi rude pour moi. Mais je reste dubitative sur l'utilité d'une solution aussi radicale, et décide donc de poursuivre ma route jusqu'à trouver un autre magasin. Et un autre avis.

Tom avait contacté Antonio pour lui demander ce dont j'aurais besoin sur la route ; sa voiture est donc remplie de fruits secs enrobés de chocolat, de barres énergétiques, de Gatorade et de bananes. *Des bananes !* Et si je l'avais vexé lorsque j'ai grimacé et que je l'ai planté là, quand il m'en a tendu une ? Je ne déteste qu'un seul fruit, or c'est l'aliment rêvé de tous les sportifs. Rien que l'odeur me fait vomir. Je pourrais crever de faim dans une jungle pleine de bananiers. À mon avis, Tom survivra si, au prochain ravitaillement, je lui dis qu'il peut toutes les garder.

10 août

Je quitte Tom près de Buffalo, État de New York, car son travail l'appelle. Je suis navrée de le voir partir, c'est devenu un véritable ami, et un pilier de ma cause. Des gens comme lui façonnent mon opinion sur l'Amérique, leur générosité adoucit mon chemin à travers leur continent.

Le paysage change à peine dans les États du nord-est : à droite du maïs, à gauche du blé et, comme un coup de sabre, une route au milieu. Deux petits garçons tignasse couleur de foin qui jouent sur un tracteur géant en salopette sale me saluent en criant : « Hé ho, Madame à vélo ! » Un peu plus loin, je croise une carriole remplie de femmes amish en robes et bonnets sombres, cheminant vers la ville pour vendre leurs produits bios.

Les gens me saluent, perchés sur leurs tondeuses. Deux Harley passent en trombe. Grimpé sur une échelle, un homme peint en blanc sa maison bardée d'ardoise et de bois,

« *Let it Be* » à plein tube. Un drapeau rouge-blanc-bleu flotte à chaque entrée. Le vent est frais, le soleil donne. Tout ça, c'*est* l'Amérique.

Le meilleur ami d'Antonio, Jesse, et sa copine Jill, vivent à Cleveland, Ohio. J'ai squatté chez eux la nuit dernière, et ils me rejoignent aujourd'hui afin de prendre des photos pour le suivi live.

Si le relief s'est aplani, le vent de face n'a pas faibli d'un pouce, et le ciel continue de se charger de nuages gris métal. C'est un peu comme pédaler sur un tapis roulant, devoir gagner chaque kilomètre pied à pied.

« C'est n'importe quoi. Ça ne marche pas. Je n'y arriverai jamais de cette façon. » Ma voix tremble de frustration lorsque je les retrouve qui m'attendent. « Peu importe comment, mais je dois changer de direction. Même un vent de biais, ce serait mieux. »

Jesse sort une carte et nous réussissons à établir un plan B, *via* un enchaînement de zigzags vers le sud et le nord-ouest pour éviter d'avoir le vent de face.

Au moins, la route est plate, et j'accélère même durant les heures qui suivent. J'aperçois leur voiture un peu plus loin lorsque, soudain, Jill surgit brusquement d'on ne sait où pour me faire signe de les rejoindre. Trop tard. En essayant de braquer à temps, j'effectue une embardée sur un tapis de graviers et Pégase dérape lourdement. Un peu KO, je reste par terre les bras en croix, Christ cyclo, regard fixe au ciel. *Ah ouais. Donc Ju', le gravier, c'est comme du verglas. Tu savais pas ?*

« Oh mon Dieu ! » s'exclame Jesse en se ruant vers moi, bouche bée, secouant les mains dans tous les sens. Je réalise qu'il ne voit pas mes yeux derrière mes lunettes, et qu'il doit vraiment me croire refroidie. Humour noir, règle n° 1 : ne jamais rater une occasion. Surtout, ne pas bouger.

Jill le rejoint en courant alors qu'il commence à paniquer pour de bon. « Oh mon Dieu, elle ne bouge plus ! Qu'est-ce qu'on fait ? »

Je les laisse mariner jusqu'à ce que « 911 » et « Appelle une ambulance » m'indiquent que la plaisanterie a assez duré.

« Ça… VA, Jesse ! » Je sursaute en pouffant.

« Juliana ! Je… j'y crois pas ! bégaie-t-il. C'est vraiment pas drôle ! Comment peux-tu… ? »

« Désolée, mais ta façon de réagir était anthologique. Je ne pouvais pas résister, vraiment. *Oh-mon-Dieu ! Oh-mon-Dieu !* »

Plus soulagé que convaincu de mon niveau comique, Jesse finit par rire poliment.

Dans la glissade, la peau de ma cuisse a été écorchée, ça brûle et du sang perce à travers mon Lycra et ma manche de maillot déchirée, mais le soleil transperce les nuages alors que je pénètre dans le comté de Defiance [16]. Un nom qui tombe à point : aujourd'hui, je ne lâcherai pas un pouce. Mon objectif est d'atteindre la petite ville de Hicksville, à quelques kilomètres de la frontière de l'Ohio et de l'Indiana. Jesse et Jill filent devant pour dénicher un motel.

Dans ces villes de seconde zone, les motels sont rudimentaires et fonctionnels, mais trouver une place n'est jamais un problème. La difficulté, c'est de dénicher un endroit où *manger* après 20 heures. Habituellement, je pédale jusqu'au coucher du soleil, m'arrêtant rarement avant 20 h 30, mais personne n'a l'air de dîner tard en Amérique centrale.

16. Combativité.

Diners[17] et restaurants ferment souvent juste au moment où je m'installe et pars à la conquête d'un repas.

Il fait déjà nuit quand Jesse et Jill me retrouvent sur la route, encore à quelques kilomètres de Hicksville. Malgré la chute, j'ai pédalé 215 kilomètres aujourd'hui et je suis plutôt contente de moi.

La patronne du motel est une vieille grincheuse, qui râle, houspille et souffle comme un veau sur un mari stoïque. Elle griffonne à la hâte sur ses formulaires avant de lui ordonner de me montrer la chambre.

Alors que je m'apprête à suivre son époux-fantôme, la vieille braille dans notre dos : « Au fait, dans votre chambre, il y a un tableau grandeur nature d'un type. Paraît que ça vient d'un roman célèbre. Faut pas avoir peur, c'était là quand on a repris l'affaire. » Et nous filons vers une petite annexe.

Mon voisin est là. Grand, cheveux gris, barbe de trois jours, il porte un bleu de travail rentré dans son jean, et me regarde approcher avec Pégase. Cherchant visiblement à entamer la conversation, il tente finalement un « Salut ! Je suis votre voisin ».

Je souris poliment, hoche la tête, rentre le vélo et m'enferme. « Le type peint au mur » m'attend bien, resplendissant dans sa vareuse bleu foncé et son vieux chapeau de capitaine, pipe au bec sur fond marine, un phare et l'océan. Achab dans *Moby Dick*, Santiago dans *Le Vieil Homme et la Mer*, je ne saurais dire.

Je fais un brin de lessive et suspends le tout à chaque coin de meuble que je trouve, espérant que ce soit sec d'ici demain.

---

17. Restaurant populaire servant des plats américains typiques, souvent ouvert tard en soirée.

Mon gentil voisin traîne toujours dans le coin au moment où je sors dîner avec Jesse et Jill.

Deuxième tentative.

« Tu m'sures combien ? » me demande-t-il.

« Je ne sais pas vraiment », soudainement mal à l'aise tandis qu'il se met à me suivre de près.

« Nan pass'que t'es 'achement grande, t'sais ? »

« Je sais. »

« T'as un vélo, hein, j'ai vu. »

« Ouais. » Je stoppe devant la chambre de Jesse et Jill et toque.

« T'vas où ? »

« Je traverse l'Amérique, vers Seattle. »

« Ah ouais ? Mais on t'a pas mise au parfum ? Tu te plantes de sens, là ! » Il se marre.

« C'est ça. On me le dit souvent. »

« À plus, alors ! » beugle-t-il littéralement lorsque mes amis ouvrent, et je suis presque sûre qu'il y croit.

Le seul endroit qui sert peut-être encore à manger est un petit bar de quartier à quelques kilomètres.

« Vous croyez que *Hicksville*[18], ce sont les habitants qui l'ont choisi… ou qu'ils sont venus ici en raison du nom ? » demande Jill.

Face à nous, assis au bar, deux faux *bad boys*, mais vrais tocards. On navigue entre l'apprenti-*gangsta* et le simili-rappeur. Le plus bruyant des deux est un jeune rouquin, tas d'os enveloppé dans un T-shirt XXL, chaîne en argent criarde, casquette à l'envers sur crâne rasé et de minuscules écouteurs

18. Péquenaud-Ville.

autour du cou. Une main sur l'épaule de son pote grassouillet, il hurle à travers le bar : « Hey, Carly ! Y'a Earlie qu'a un pack de six ! Carly ! Earlie partage son pack ! Ramène ton cul ! »

Carly, des packs de six, il a l'air d'en avoir déjà descendu toute une pile. Un bras autour d'une blonde d'un mètre de haut qui mange des frites, l'autre embrasse une femme à la peau plus tannée que bronzée, soixantaine apparente alors qu'elle n'a sans doute même pas quarante ans. « Mes copines préférées, mes Dames à moi ! Faites-moi un bisou ! » rugit-il en plongeant vers la blonde pour lui en claquer un sur la joue, tandis qu'elle s'esquive à temps. La plus vieille roule des yeux en gloussant, « Mais oui mon grand, surtout quand t'es bourré ».

« Carly ! » Dents-De-Devant ne lâche pas l'affaire. « Laisse les dames et ramène ton cul si tu veux une bière ! » crie-t-il encore.

Earlie continue de se marrer à côté. Carly titube et s'approche lentement, pour venir écrabouiller affectueusement les deux ados sous ses aisselles en sueur.

« Bière ! » lâche-t-il à la barmaid, un garçon manqué sec comme tout, en T-shirt et jean déchirés. « Alors, il est où ce pack ? »

« Déjà, on se calme. » Visiblement rodée à gérer les habitués remuants, la fille ouvre le frigo et pose un pack de Bud Light sur le comptoir.

L'électricité commence à monter au moment où nos commandes arrivent ; nous dînons en vitesse, mais pas aussi rapidement que le pack est écoulé. Ça devient chahuteur. « Ce serait bien d'y aller maintenant, glisse Jesse. Dans quelques minutes, il va y avoir du verre cassé. »

Tous les deux me reconduisent à ma chambre où, comme promis, le voisin m'attend. Nouveau salut.

« C'est quoi ton signe astrologique ? »

« Je ne sais pas. » J'opte pour la fuite, en déverrouillant rapidement ma porte.

Il remarque alors Jesse. « Et vous, les amis, z'êtes d'où ? »

« Cleveland. On accompagne juste Juliana sur un bout de chemin. »

« Alors ça, c'est vraiment super gentil. »

« Ouais, c'est fun. »

« N'nuit, les gars. » Jesse me tend le pouce. C'est bon, je referme la porte. Je distingue encore le type qui essaie de bavarder, Jesse dire quelque chose du genre *devoir* et *aller se coucher*, et un craquement de gravier qui s'éloigne.

Mes dents sont propres et j'ai déjà éteint. C'est alors que je surprends un bruit caractéristique. On actionne ma poignée de porte. Ou alors j'ai regardé trop de films d'horreur qui se passent dans des motels. Quoi qu'il en soit, je rallume et vérifie que la porte est fermée à double tour.

12 août

Hier, Jesse and Jill m'ont laissée dans l'Indiana et sont repartis pour Cleveland. Me voici maintenant à Rochester pour essayer de réparer, car les vitesses sautent toujours. Il n'y a pas de mécaniciens pros dans les parages, mais un passionné nommé Dennis aide amis et voisins à effectuer les réparations de base dans son garage. Tout comme ses prédécesseurs, impossible pour lui de résoudre mon problème, mais il remplace mes pneus en sirotant plusieurs bières fraîches. Puis il décide de m'inviter à dîner italien avec son épouse. Les pâtes trop cuites et recouvertes de fromage forment une bouillie épouvantable, mais la compagnie de mes hôtes est une bénédiction.

Je continue d'être épatée par la spontanéité et la gentillesse des Américains. Contrairement aux Européens qui, avec leur culture millénaire, sont parfois capables d'un vrai cynisme, ou se comportent comme des encyclopédies que rien n'impressionne, beaucoup des gens que je croise paraissent encore animés d'une sincère curiosité, à l'image d'une nation jeune, apprenante. Ils tendent moins aux sarcasmes ou à l'hypocrisie. Un étranger à vélo ? On s'intéresse à lui, naturellement. Chaque fois que je stoppe, je n'ai pas à attendre pour que l'on s'arrête afin de m'aider, d'échanger ou même de m'inviter à dîner à la maison.

Cet après-midi, à l'arrêt sur le bas-côté, je suis penchée sur le guidon pour répondre à un appel d'Antonio quand deux femmes se garent pour me demander si tout va bien ! Jamais je n'ai rencontré un tel niveau de solidarité. « On est juste comme ça. On est Américains, quoi, me dit l'une d'elles. Ici, vous ne resterez jamais très longtemps dans le pétrin. »

Il en va de même des rencontres furtives, des petits moments anodins. Il n'est pas une fois sans que je ne reçoive un salut en retour, signe de la main ou conseil. Comme cette dame qui, juchée sur son tracteur tondeuse, peaufine avec soin un vaste gazon vert pomme autour de sa maison de campagne. Ce jour-là, cela faisait des heures que j'ondulais sur une série de montagnes russes qui me semblaient sans fin. M'apercevant au loin, elle s'est arrêtée pour me regarder passer, franchir une énième colline, avant de me lancer : « Ça va pas s'améliorer ! Ces collines n'en finissent pas ! »

13 août

Je roule dans l'Illinois vers Peoria, et il ne cesse de pleuvoir depuis l'instant où j'ai basculé d'État. Mes chaussures sont trempées, mes pieds engourdis, et seul le livre audio me distrait un peu de ce supplice. J'ai choisi des auteurs américains pour traverser les États-Unis et le roman de Philip Roth, *La Bête qui meurt,* est au menu.

Hier, je me suis arrêtée tôt en n'ayant couvert que 145 kilomètres ; alors aujourd'hui, je rattrape le temps perdu malgré la pluie. Ça pourrait être pire. Il pourrait y avoir du vent de face.

« Feu. On donne tout », dis-je à Pégase, et c'est exactement ce que nous faisons lorsque, en dévalant une pente à Mach 2, j'aperçois trop tard la voie ferrée. La terre s'est effondrée autour des rails, creusant de profondes ornières remplies d'eau. Je n'ai pas d'autre choix que de freiner pour braquer comme je peux, au dernier moment. Cet instant suspendu avant l'impact est sans doute le plus interminable. Tout ralentit et, en même temps, tout va si vite que vous n'avez pas le temps d'enregistrer quoi que ce soit jusqu'à ce que ce soit terminé. Et vous par terre.

Cette fois, j'y vais fort. Je heurte brutalement la surface du sol avec un pied toujours enclenché. Mon casque me sauve la tête, en rebondissant sur les rails comme un ballon de basket. Mon bras gauche me fait mal quand j'essaie de le plier – je crois bien que je me suis fait une entorse au poignet –, et du sang filtre à travers mon short. Désormais, j'ai les deux cuisses sévèrement bleuies et râpées. Positivons : au moins, mes cicatrices seront assorties.

Des morceaux de cadre et de mécanique ont volé pendant la chute, et de nouvelles entailles griffent la peinture, mais, dans l'ensemble, Pégase a moins morflé que moi. Tremblante, je remets en place les pièces éparpillées, remonte la chaîne et m'assieds sur le goudron pour me calmer. Note personnelle : surveiller les voies ferrées.

L'équilibre retrouvé, je remonte en selle, bien décidée à ne pas laisser cette chute m'atteindre. Je pédale difficilement à travers une bruine sans fin, accompagné par Philip Roth qui me rappelle que « toute chose agréable présente aussi ses côtés désagréables ».

14 août

Grandes villes = fort potentiel Starbucks. Autrement dit, café passable. Depuis que j'ai quitté l'Italie, la quête d'un vrai *espresso* est devenue un sujet majeur – chaque jour. C'est tout de même ridicule de voir ces détails quotidiens prendre une telle importance lorsque vous vous en retrouvez privé.

Google Maps a balancé : il y a bien un Starbucks à Peoria ; je décide donc de m'y arrêter à midi. Je pose Pégase contre le mur lorsque j'entends crier mon nom. Une blonde en short-T-shirt sort d'une Jeep noire en brandissant une pancarte vert fluo sur laquelle on peut lire *ALLEZ JULIANA !*

« Tu es bien Juliana ? » demande-t-elle en approchant.

« Euh… Oui ? »

« On guettait ton passage, je m'appelle Marsha. Mon fils et moi suivons tes progrès en direct sur le GPS depuis qu'un ami nous a parlé de ton aventure. On voulait t'héberger cette nuit, mais visiblement j'ai loupé le coche. Dans tous les cas, je pensais te chercher sur la route pour te donner des snacks. » Elle me tend un sac en plastique rempli de barres énergétiques et de chocolat. La vie est belle. « Tu t'arrêtes pour déjeuner ? »

« Oui, j'arrive juste. »

« Cette coïncidence, c'est dingue ! J'étais sur le point de partir à ta recherche pile au moment où tu t'es arrêtée, là, juste devant moi. Quelle chance, je n'arrive pas à y croire. Laisse-moi t'inviter. »

En partageant nos sandwichs Subway, je lui raconte toutes mes aventures à travers l'Amérique, y compris mes soucis de vélo.

« Tu sais, mon fils Bradley a bossé à temps partiel pour un magasin de vélos nommé Bushwackers. Ils savent réparer presque tout. »

« Ce serait génial s'ils pouvaient s'occuper de mon vélo. Les deux derniers mécaniciens que j'ai rencontrés m'ont dit que je devrais changer le levier de vitesses, mais si on peut déjà le réparer, cela me ferait économiser beaucoup. » Six cents dollars, minimum.

« Pas de problème, je peux t'y emmener maintenant si tu veux. Bradley aussi voulait te rencontrer. Je le préviens. »

« Merci beaucoup ! »

« Je t'en prie, c'est bien le minimum. Je suis désolée que l'on ne puisse pas t'héberger ce soir. » Elle compose un numéro et parle à quelqu'un du magasin avant de raccrocher. « Eh bien, le mécano est là, et il a l'air optimiste. »

Le fameux Bushwackers s'avère être un immense magasin d'équipement outdoor, dont une grande partie est dédiée au vélo. Dans l'atelier du fond, Gary, le mécanicien, attend. Cheveux gris ondulants, son corps affûté trahit le cycliste de longue date.

« Voyons ça. » Il m'ôte Pégase des mains et le fixe sur son support de travail, fait tourner les pédales, change de vitesse, puis secoue la tête en vérifiant la tension du câble. « Qui a réglé ça ? C'est *beauuuuucoup trop* serré. »

« Le dernier mécano que j'ai vu. Connaissait pas grand-chose à ce type de manette, il m'a dit que ça pouvait venir de là. »

« Il n'a fait qu'aggraver le truc. Par contre, pas besoin de changer la pièce. Facile à réparer. »

Enfin un mécanicien qui sait ce qu'il fait ! Pendant qu'il travaille, je parcours le rayon des pneus renforcés. J'en ai marre de changer les chambres à air et une nouvelle paire de pneus commence à devenir indispensable. Je n'ai pas quitté l'atelier depuis plus de cinq minutes que Gary a déjà terminé.

« Problème résolu », fait-il d'un ton neutre.

« *Déjà ?* » Je suis bluffée. « Pendant qu'on y est, vous croyez que je pourrais en profiter pour remplacer les pneus ? »

« Sans problème. »

Et en à peine cinq minutes de plus, voilà Pégase et ses toutes nouvelles gommes.

« Je peux vous embarquer vous aussi ? »

« J'aimerais bien. Mais pas sûr que ça plaise à ma femme. »

Comme si cette journée n'était pas encore assez parfaite, le propriétaire du magasin m'offre une réduction sur les pneus. Avant d'ajouter : « On ne vous facture pas la main-d'œuvre non plus. »

Tout ça ne m'a coûté qu'un centième de ce que j'aurais dû payer pour un nouveau levier de vitesses. Bénis soient ces Anges de la route.

15 et 16 août

Après avoir traversé le pont MacArthur sur le Mississippi, dans l'Iowa, je m'arrête à une station-service pour utiliser les toilettes et faire le plein d'eau. En faisant la queue avec des barres protéinées et quelques bouteilles, je ne peux m'empêcher d'écouter la conversation entre la caissière et un client du coin.

« Ouais, i'roulent en ville avec des AK-47 et des flingues BB, i'tirent sur nos bagnoles, nos potes, nos fenêtres, tout. » Rappel brutal que l'Amérique, « Patrie des Hommes Libres » est aussi celles des « Hommes Libres de Porter une Arme ». Dans la bravoure, le meilleur, c'est quand même la discrétion. Dont acte : je quitte cette ville en pédalant aussi vite que je le peux.

Ma route traverse les *drift plains*[19] du sud de l'Iowa. Ici, le relief facilite la tâche ; collines gentiment roulantes et, comme toujours, mosaïques de blé et de maïs. La route est monotone, mais peu importe. Que l'on m'apporte un vent arrière – ou pas de vent – et je devrais atteindre le Missouri dans quelques jours.

19. Plaines d'épandage issues de l'accumulation de sédiments provenant de la dérive glaciaire.

18 août

Quelque part dans l'est du Missouri, je zigzague sur des routes de campagne en faisant un détour *via* une ville de moins de deux cents âmes, lorsque la voie s'achève brutalement, cédant la place à une piste brute, alors que le GPS me confirme une nationale à huit kilomètres. Pégase vacille en cognant la roche concassée, et je suis bien forcée de m'arrêter pour continuer à pied.

Et voilà que maintenant, le GPS peine à capter et me perd dans un dédale de rocailles. Comme je m'entête, les kilomètres s'allongent et l'appareil ne cesse d'inventer une trace sur des routes fictives. Je suis hors de moi.

« Putain de GPS à la con. Putains de routes à la con. » « *Parfois, le blasphème procure un soulagement que même la prière n'atteint pas* », selon Mark Twain, aventurier chevronné qui maîtrisait son sujet. Aussi loin que je puisse voir et dans les deux sens, la route se poursuit ainsi. Affamée, sans eau et poussant Pégase en plein cagnard, mon moral chute à l'inverse de la déshydratation, la faim et l'agacement. C'est à ce moment qu'un vieux tacot de ferme dévale vers moi dans un nuage de poussière. Je lève la main et le conducteur, grisonnant et noueux comme un gnome en salopette de jean, ralentit à ma hauteur.

« Excusez-moi, vous pourriez me dire si c'est la bonne direction vers la nationale ? »

« Ouais, c'est ça. Mais t'as encore au moins 5 kilomètres. C'est pas une route pour faire du vélo, ça. » Il glaviote une chique marronnasse.

« Sans déconner. » Peu de choses m'énervent davantage que les gens qui enfoncent des portes ouvertes.

Je marche donc une heure, avant d'enfin retrouver le goudron. Ma gorge ressemble à la route de gravier que je viens d'emprunter. Quelques kilomètres encore puis j'atteins la ville pour m'arrêter dans le premier Subway que je trouve. Cette chaîne de fast-food est l'un des piliers de ma traversée, car elle propose une nourriture *moins pire* que les autres, et on en trouve presque partout.

Sandwich long comme le bras arrosé au Gatorade, la caissière prend ma commande en me considérant de biais, sourcil levé.

Côté crasse, il est vrai que je dois assurer le spectacle. Je sens jusqu'aux grains de sable et à la poussière collés par ma sueur.

Concentration : oublier ce que ça doit faire d'être « lavée et propre », oublier ce que c'est de sentir bon et, surtout, oublier toute dignité. Direction les toilettes en rasant les murs, dans l'espoir d'éliminer au moins une couche de saleté de mon visage et de mes bras. Le résultat n'est pas vraiment mieux, mais on s'en contentera. Me gaver de sandwich rosbif-avocat, voilà qui m'aide à reprendre quelques points au Classement Général du Moral. À surveiller toutefois.

19 août

J'ai atteint le Nebraska, où même un Subway reste difficile à trouver. Ici, tout aliment acceptable est une denrée rare. Je pénètre en *wilderness*[20], nature immense et sauvage. Rien

20. Littéralement « sauvageté ». Concept américain de « naturalité » décrivant un espace exempt d'intervention humaine, préservé, et souvent rattaché à l'idée d'immensité.

pendant des kilomètres, entre des villes minuscules et désertes composées de quelques cabanes et maisons négligées, et de moins de cent habitants. Paysage surréaliste d'infini. À l'horizon, rien que la plaine. L'esprit voyage alors, flash-back sur scène de chasse en plein Far West, des Comanches à cheval pourchassent un troupeau de bisons. Le terrain est plat et, pour la première fois en Amérique, un puissant vent arrière me pousse. Qui plus est, je gagne une heure de lumière en changeant de fuseau horaire.

Invite rituelle à Pégase : « On y va. » C'est une journée parfaite pour attaquer fort, et nous réussissons à couvrir 275 kilomètres. C'est précisément le genre de journée qui me rappelle chaque fois à quel point je pourrais avancer si je roulais dans la direction opposée en profitant des vents. Ça en devient déprimant.

Les jours s'enchaînent en un fondu répété. Sans incident. Sans surprise. Impression de me mouvoir en un temps suspendu. Longues heures en selle, juste ponctuées de brefs arrêts pour me nourrir et boire. Peu à peu, ces courtes pauses deviennent les points culminants de chaque étape. Je peux méditer des heures sur ce que je vais manger ou boire au prochain arrêt. Que vais-je m'offrir après 80 kilomètres ? Coca, Red Bull, café ? Et si je testais cette nouvelle barre choco-beurre-de-cacahuète ? Ou alors du bœuf séché ?

Dans une station-service, on m'informe que des incendies dantesques viennent de ravager le nord du Wyoming. J'avais tellement hâte de découvrir le parc national de Yellowstone, d'autant plus en le traversant à vélo – un autre rêve de toujours qui s'éloigne. Changement de plan, il me faudra désormais passer par le sud de l'État. Cette traversée à vélo développe ma capacité d'adaptation ; qualité essentielle, semblerait-il. Tout peut arriver. Et lorsque ça arrive, pas d'autre choix que de s'adapter. Car à tout problème, sa solution.

21 août

Je me suis arrêtée pour déjeuner dans la petite ville frontalière de Pine Bluffs, immédiatement après être passée du Nebraska au Wyoming. Délabrée, abandonnée, Pine Bluffs ressemble à une ville fantôme. Quelques échoppes, de rares restaurants, beaucoup de fenêtres cassées et de portes fermées. Le seul endroit apparemment ouvert est un bar minuscule, le *Pal's*, où j'espère trouver au moins un burger-frites.

Je découvre un boui-boui mal éclairé et enfumé, rempli d'enseignes en néon. Les murs sont recouverts de selles, photos défraîchies, casquettes hors d'âge et autres objets dépareillés du style. Accoudés au bar, une rangée d'autochtones à barbes, tous aussi gros les uns que les autres. L'uniforme est de rigueur : chapeau de cow-boy, chemise à carreaux et bretelles de couleur. Les cow-boys me toisent vite fait et retournent à leur bière.

Je demande à une barmaid vieillissante s'il est possible de manger. Les rides profondes qui lui plissent le visage semblent figées en mode râleuse. Renfrognée à jamais, l'ancienne. Je suppose qu'elle est ici depuis toujours, s'accrochant à son bar quand les voisins fermaient les uns après les autres, refusant obstinément de bouger pendant que la petite ville tombait lentement dans l'oubli. Je me demande si Pine Bluffs pourrait disparaître encore un peu plus dans l'Amérique des prochaines années.

« Lisez le tableau », rétorque-t-elle, pouce tendu vers le tableau noir dans son dos.

Pas facile de distinguer les lettres du gribouillis de craie blanche, en plein dans l'aura bleue du néon. Burger au poulet-frites, 4 $, un seul plat. Si je lis bien.

« Eh bien, je crois que je vais prendre le burger au poulet et les frites. »

« Qu'est-ce qu'elle boit ? »

« Un Coca, s'il vous plaît. »

Je m'assieds à l'une des tables de bois sombre, et elle pose une canette de Coca chaud devant moi. Trop intimidée pour oser demander un verre et des glaçons, je la vois retourner au bar, sortir une boîte d'un congélateur, l'ouvrir et balancer quelque chose dans le micro-ondes. Cinq minutes plus tard, elle revient avec une assiette en plastique : le « hamburger » est servi. Galette de Poulet Décongelée et Panée de la famille caoutchouc, coincée entre Ses Deux Petits Pains Blancs Secs, Saveur de Détergent, accompagnée de son Pochon de Croustilles nature sur le côté – avec les compliments du chef. Dire que j'ai attendu *ça* toute la journée ! J'ai beau être affamée, impossible de toucher à ce burger ; c'est donc ma déception que je ravale en me bouchant le nez. Avec les frites pour faire descendre, et mes quatre dollars sur la table.

J'ai pleinement conscience de l'absurdité de ces réactions ; comment quelque chose d'aussi basique que la *bouffe* peut-il m'affecter à ce point ! En général, j'essaie de relativiser ; il est toujours plus facile de gérer les tracas ou les individus avec humour. Mais quand j'ai faim, c'est autre chose. Je peux rapidement devenir susceptible, capricieuse ou grincheuse. Ça peut se comprendre, tant de choses aussi triviales prennent une valeur considérable lorsque la vie est réduite à l'essentiel. Alors pour me maîtriser, je passe en mode économie d'énergie – *profonde. Reste immobile, reste silencieuse, reste calme.*

Relativise, Juliana. Je pense à la nourriture lorsque j'étais enfant en Asie ou en Afrique, « en voie de développement » comme on dit. On ne mangeait pas par plaisir. Simple carburant, fait pour remplir, *se nourrir* pour vivre. Fruits et légumes étaient récupérés des poubelles du marché. Cela prenait des heures de séparer « l'encore bon » du pourri. Ensuite, tout était bouilli jusqu'à l'insipide. Les aliments de base, haricots et lentilles, étaient les plus consommés après le foie et le cœur, car source de protéines la moins chère du monde. Si nous avions encore faim, nous complétions avec du riz. Je me souviens même m'être dit que les pauvres mangeaient mieux que nous. Nos portions étaient rationnées et nous mangions tout ce que l'on nous donnait, en remerciant et sans jamais poser de questions, parce qu'un mendiant ne choisit pas et que nous étions les « mendiants du Christ » ou « missionnaires », comme les adultes préféraient s'appeler. Lorsque j'ai grandi, je me suis juré de ne plus jamais « mal » manger. Et me voilà qui souris maintenant, en imaginant des haricots bouillis et du riz qui m'iraient parfaitement, tout en mesurant à quel point le « bon » et le « mauvais » sont des notions relatives et variables.

Je remonte sur mon vélo et commence à pédaler lorsque je tombe sur une épicerie. Sauvée ! Comment décrire mon exaltation à cet instant ?! Comparé au burger sans nom de l'autre bar glauque, ce sandwich viande et fromage fleure l'étoile au Michelin.

Jusqu'à présent, je ne sais pas si j'ai beaucoup évolué, mais j'ai au moins appris une chose : savoir apprécier les petits moments. Les infimes, les minuscules – car qu'est-ce que l'existence sinon la somme de ces détails ? Nous ne réalisons notre dépendance à leur égard, à quel point nous les tenons pour acquis, que lorsque nous en sommes privés. Ou que nous nous en débarrassons. Même l'essentiel, comme l'eau et la nourriture. Il nous faut la perdre, pour découvrir la véritable valeur d'une chose ou d'un être. Les humains sont bizarres.

Chapitre 4

UN CONTE DE FÉES

23 août

La plaine sauvage du Nebraska se poursuit à travers le Wyoming du Sud dans une variété de tons impressionnante. Tels des titans de pierre, des blocs éléphantesques fendent l'horizon, semblant surgir des étendues d'armoise vert argent. Ce pays me coupe le souffle. C'est une terre pour les dieux, les animaux et les philosophes.

Tout au long de la route, les aires de repos sont envahies de bikers, avec leurs copines intégral cuir. « On roulait vers le nord en passant par Yellowstone, et on a dû bifurquer plein sud à cause des incendies, me dit un couple. Quoi que tu fasses, va pas au nord. On en vient tout juste. Les routes sont impraticables. »

Décidément, je suis soulagée d'avoir entendu parler des incendies à temps et d'avoir revu mes plans.

Toutes bécanes hurlantes, les motards quittent les lieux et me saluent en criant. Amérique : paradis du rebelle. J'y sens un écho profond à quelque chose d'instinctif et d'archaïque en moi, cow-girl filant vers l'ouest sur son étalon blanc.

Toute civilisation semble tellement loin et futile. Ici, une fille pourrait aisément s'évanouir dans la pampa. Rêve éveillé ; je bâtirais une cabane de rondins au milieu des coteaux d'armoise et disparaîtrais définitivement des radars.

Déjà un mois que j'ai quitté Naples, mais le temps semble bien plus long et concentré à la fois, comme si je voyageais ainsi depuis toujours, et pouvais poursuivre à jamais.

26 août

Mark Webber est photographe, spécialisé en sports outdoor. Il a entendu parler de mon projet par un ami commun et m'a retrouvée à Twin Falls, Idaho, pour un shooting d'un après-midi.

La pluie menace, mais le vent me porte alors que je surplombe des paysages extraordinaires sur la route panoramique du Thousand Springs Scenic Byway. Par dizaines, des cascades cristallines jaillissent des falaises sinueuses du Snake River Canyon. Dans mon dos, deux tempêtes continuent de se rapprocher dangereusement depuis le nord-est et le sud-est, mais la conjonction des vents me propulse littéralement. Je pédale en souriant bêtement.

Antonio appelle. « Que se passe-t-il ? »

« Comment ça *que se passe-t-il* ? »

« La balise dit que tu fais du 35 à l'heure. »

« C'est tout ? Pourtant, j'ai l'impression d'aller beaucoup plus vite. »

« Donc c'est bien ça ? »

« Si c'est le GPS qui le dit ! *Wouhouuu !* »

J'ai l'impression d'avoir gagné au loto. Avec ce genre de vent, je ferais le tour du monde en 80 jours. Terminés, les États-Unis, et depuis longtemps. Et rebelote. Ce contraste me rappelle une fois de plus à quel point les vents contraires quasiment constants ont brisé ma progression à travers l'Amérique du Nord.

Mark doit être dans les parages en train de prendre des photos. Après avoir quitté la route avec son van, il est parti escalader les pentes pour pouvoir shooter en hauteur et faire le maximum de vues aériennes de mon passage avec Pégase. Seuls quelques flashes me signalent sa présence tandis que j'attends au bord de la route. Lorsqu'il n'a pas d'appareil, Mark est grimpeur professionnel. Il réunit ses dons au travers de clichés époustouflants.

Les deux tempêtes finissent par nous rattraper et nous écrasent dans un fracas de tonnerre et de pluie glacée, je stoppe dans le premier routier. Ce n'est que le milieu de l'après-midi, mais j'ai déjà parcouru près de 200 kilomètres. Envie de faire un break, et de lâcher la bride.

« Allez, on prend une bière », dis-je à Mark.

« Là, *maintenant* ? »

« Et pourquoi pas ? Il va encore pleuvoir une heure, au moins. »

Assis au bar, nous sirotons gentiment nos verres, mais je me sens d'humeur à danser sur le comptoir. Remontée comme je suis, je pourrais réussir à peu près tout et son contraire. Des mauvais jours, il y en a eu beaucoup, mais celui-ci n'en fera clairement jamais partie. Lorsque la tempête finit par se dissiper et que le soleil réapparaît, Mark me souhaite bonne chance et rentre chez lui. Je roule encore 25 kilomètres et m'arrête pour la nuit à Glenns Ferry, Idaho.

27 août

J'achète de quoi petit-déjeuner – cake à la banane, yaourt, brique de café au lait – dans un supermarché, et vais l'avaler dans le parc de l'autre côté de la route. Le temps de revenir à mon *motel-typique-à-quarante-dollars-la-nuit* (vous savez : moquette beige, couvre-lit et rideau à motifs criards) pour régler la note que le directeur est déjà à son poste. Pendant qu'il cherche le carnet de reçus, j'observe le pêle-mêle de photos en noir et blanc accroché au mur, montrant Glenns Ferry à différentes étapes de son histoire.

« Quel âge a la ville ? »

« Quel âge a la ville ? Euh… » La question semble le déconcerter un instant. Il caresse sa barbe de trois jours, gratte son crâne dégarni et me demande : « D'où venez-vous ? »

« D'Italie. »

« D'Italie, ah… » Ses yeux roulent de gauche à droite comme s'il calculait en silence. Il finit par reprendre : « Eh bien, lorsque le monde fut créé… »

Je commence à pouffer, mais en voyant son expression, je comprends qu'il ne plaisante pas et j'essaie de ne pas sourire.

« … les premiers êtres humains sont arrivés en bateau. »

« Les premiers colons, vous voulez dire ? »

J'essaie de l'aider.

« Ouais, ces colons, là. Et ils sont partis vers l'ouest en suivant la piste de l'Oregon[21], qui passe par ici. Là, il y avait cette rivière à traverser, et sur cette rivière il y avait ce bac. Et ce type qui s'appelait Glenn faisait passer les colons sur son bac. »

Apparemment, la rivière, le bac et Glenn étaient déjà là aux origines du monde. Magie.

« Aaah… et c'est pour ça que la ville s'appelle Glenns Ferry[22]. »

Il acquiesce. « Donc, pour répondre à votre question, je dirais que la ville date de… mhh… quelque chose comme les années 1800. »

De ce cours aussi rapide que magistral, j'apprends que le temps comme l'Histoire sont deux notions floues.

28 août

Mon itinéraire passe par Baker City, Oregon, poursuit au nord vers Yakima, puis oblique vers Seattle, où je prévois de prendre un vol pour la Nouvelle-Zélande. Certes, il y a bien quelques longues montées, mais rien d'aussi pénible que les montagnes du Portugal, et à peine le quart de leur végétation luxuriante. Dans le nord des Rocheuses, fin août, les étés sont de plus en plus secs ; aussi le paysage aride se résume-t-il à un dégradé de brun et d'ocre. À mi-chemin d'une ascension

21. Oregon Trail. Chemin historique utilisé par les pionniers lors de leur traversée vers l'Ouest, depuis le Missouri jusqu'en Oregon.

22. *Le bac de Glenn.*

près de la frontière entre Idaho et Oregon, je décroche ma neuvième crevaison officielle et stoppe sur le bas-côté pour réparer.

Quelques kilomètres plus loin, la gorge desséchée par la chaleur et la poussière que les camions soulèvent, je m'arrête à une station-service pour faire le plein d'eau. Assise sur une marche, je mâchonne ma barre chocolat-beurre de cacahuètes lorsqu'un Range Rover estampillé Californie arrive. Ses occupants sortent et s'agglutinent tout en causant bruyamment : « J'veux dire, à L.A. [23], on voit jamais ce genre de coin aussi désertique. J'arrive pas à y croire, on n'a presque pas vu un seul arbre en traversant le Wyoming. Cette route, c'est incroyable. Faut s'accrocher. »

Une des filles, blonde peroxydée, surpermanentée et lunettes de soleil géantes, remarque ma présence et celle de Pégase contre le mur. « Tu viens d'où à vélo, chérie ? »

« Boston. Jusqu'à Seattle. »

Blanc instantané, bouche ouverte, coup de coude à l'une de ses amies. « T'entends ça ? Elle pédale depuis Boston ! »

« Sans blague ! On roule en voiture depuis New York et déjà, *ça, je trouve que c'est dur.* »

Mais les difficultés du jour ne sont pas tout à fait terminées. La patronne de la station-service m'informe que la plus longue montée reste à faire. « Tu vas grimper un moment. Je vais te dire, je voudrais pas être à ta place. Ohhh non », fait-elle en secouant la tête.

J'avoue que, parfois, moi non plus…

23. Los Angeles.

La route avance, sans fin visible. Je ne fais que monter lorsque quelque chose commence à se produire dans cet océan de goudron linéaire. Je me sens flotter comme dans un rêve éveillé, mes membres pompent mécaniquement, droite, gauche, mais je ne parviens plus réellement à les sentir. Peut-être ai-je trop pris le soleil. Le temps lui-même semble muter en un étrange entre-deux, indéfini, transitoire. Pas de doute, je reconnais l'un de ces moments dans lesquels je ne sais plus si ce que je vis est réel. Je saisis la chair de mon bras et la pince aussi fort que possible pour m'en assurer, mais c'est ma *connaissance* du fait que ça fait mal, qui ordonne à mon cerveau que j'ai mal. Je commence à réfléchir : si l'esprit peut créer toutes les réalités qu'il désire, alors qu'est-ce qui existe réellement, concrètement ? Peut-être nos corps ne sont-ils que des machines, et la vie un simple jeu qui nous interconnecte tous. Peut-être que le réel, c'est précisément ce qui n'est pas « ici et maintenant », et non ce que nous définissons comme « nous ».

Je sais que je n'en peux plus. Je sais que mon corps est usé, affamé, et pourtant je continue à forcer. C'est alors que survient la transcendance. Toute cette autoflagellation se mue en une pure expansion intérieure. Si notre esprit sait surpasser les injonctions de notre corps, alors nos capacités sont illimitées. Tout commence dans la tête. C'est le siège du pouvoir, la clef du succès ou de l'échec, du début ou de la fin. Si l'esprit abandonne, le corps suit rapidement.

Mes muscles renâclent toujours, mais je les pousse jusqu'au sommet, où je suis récompensée comme jamais. Cueillie. Face à moi, un soleil rouge vif se couche en plongeant dans un ciel vermillon. À gauche comme à droite, des crêtes rocheuses acérées et le serpent minéral de la rivière. Je me lève sur les pédales, Wagner hurle sa playlist, le vent frais caresse ma peau, un sourire XXL traverse mon visage, et devant des kilomètres de bonheur pur. En descente. S'engouffrer, se précipiter, s'immerger dans la sensation d'être connectée à tout, à la vie elle-même. L'univers tout entier contenu dans une pépite de vie. Je suis vivante à 100 %. Rien d'autre n'existe plus à part cet instant parfait.

Et puis soudain, je pleure. Sans raison apparente. Fatigue, stress, épuisement, bonheur, euphorie ? La vie est étrange. Vous pouvez vous inventer une réalité juste pour vous aider à supporter l'existence, pour finalement découvrir que vous aimez profondément ce que vous avez inventé, et que votre création vole désormais de ses propres ailes. Peut-être que rien de tout cela n'est réel ? Peut-être n'est-ce qu'anodin ? Nous oublions qui nous sommes, et voilà que ce genre de moment nous rappelle brutalement qu'au fond, nous demeurons les seuls véritables créateurs de nos propres mondes, de nos pensées, de nos émotions.

30 août

Pour ce dernier round jusqu'à Seattle, je décide d'emprunter l'autoroute interétats. Pas vraiment recommandé, et peut-être même illégal. Google Maps propose bien des alternatives, mais nettement plus vallonnées et chronophages ; or mon timing est de nouveau serré. Comme, pour quitter l'Europe, j'ai acheté mon vol avec très peu de marge, à moi de me débrouiller pour atteindre l'aéroport dans les temps.

Même avec des pneus renforcés, la quantité de déchets sur la route est un appel à la crevaison. En outre, mes roues sont montées avec des écrous de rayons carbone et non acier, les premiers plus légers, les seconds moins chers, mais plus solides. Très bien pour la compétition, nettement moins pour traverser le monde. Deux écrous se brisent, je revisse comme je peux les rayons en attendant de trouver un magasin. La roue avant commence à bouger dangereusement et, à chaque impact au sol, je crains que la pression déjà faible ne produise d'autres dégâts. Au moment où j'arrive à Seattle, Pégase a déjà subi dix crevaisons et trois écrous de rayons sont cassés.

Une amie qui est née et a grandi au sein des Moonies – autre secte tristement populaire dans les années 1960 et 1970, également connue sous le nom d'Église de l'Unification[24] – a proposé de m'héberger à Seattle. J'ai rencontré Donna pour la première fois à Londres, à l'occasion d'une présentation que nous effectuions ensemble lors d'une conférence. Celle-ci portait sur les difficultés de réintégration sociale auxquelles sont confrontées les plus jeunes victimes de sectes. En tant que premier enfant « béni » du monde occidental né dans les Moonies, comme moi, elle a été majoritairement élevée sans ses parents. Choisis de façon aléatoire, différents membres du culte se chargeaient de son éducation dans des « pensionnats » successifs. Comme moi, elle a commencé très jeune à remettre en question son statut et rapidement été qualifiée de rebelle. Comme moi, elle a mené une double vie au cœur du groupe jusqu'à réussir, lentement, à s'en exfiltrer pour

24. *Unification Church* ou Secte Moon, fondée en Corée du Sud en 1954.

gagner la société. Et comme moi, un jour, elle a pris la parole pour dénoncer le manque de droits accordés aux enfants des sectes, parole pour laquelle les Moonies l'ont diabolisée.

Il est tard et Donna m'attend dehors lorsque j'arrive chez elle. C'est une blonde affriolante aux yeux bleus, avec un sourire à croquer qui vous évoque les cookies et le lait chaud. Donna est canon. J'ai vite fait de profiter de sa baignoire géante pour m'offrir un long bain. L'eau chaude et le savon sont une bénédiction. Quand je ressors après une heure, je pourrais jurer que ma peau est plus claire. L'eau, en tout cas, est beaucoup, beaucoup plus sombre.

31 août

Ce matin, Donna m'a accompagnée dans un magasin de vélos à proximité afin que les mécaniciens puissent nettoyer Pégase en profondeur, changer les écrous cassés et la chaîne, et poser un nouveau jeu de pneus renforcés. Il est donc tard lorsque je commence à pédaler vers l'aéroport, et la course contre la montre commence sur les trente derniers kilomètres jusqu'au terminal. Une fois là-bas, je devrai encore démonter puis emballer Pégase pour l'avion, ce qui prendra une bonne demi-heure.

La route est constellée de feux tricolores qui me ralentissent considérablement. Je roule au coude à coude avec un bus orange, démarrant et s'arrêtant en même temps que moi à chaque feu. Un groupe de jeunes descend puis attend près des clous que le signal piéton passe au vert. L'un d'eux – afro à dreadlocks – ne cesse de me regarder comme s'il hésitait à me dire quelque chose. Ne pouvant plus se retenir, il finit par lâcher : « Vous savez, le chauffeur du bus matait vot' cul ! »

« Je peux pas lui en vouloir. Je ferais sûrement pareil. »

Il vérifie autour de lui que ses potes ont tilté. « Ah ouais ? Bah en fait, moi aussi ! » Il est plié en deux de rire. Le signal passe au vert et il s'engage en sautillant, claquant la main de ses copains comme s'il venait de sortir la vanne de l'année.

J'arrive à l'aéroport juste à temps pour emballer mon vélo, monter dans l'avion, et dormir l'intégralité des quinze heures de vol vers la Nouvelle-Zélande. Sauf, bien sûr, quand on m'apporte à manger. Pour la toute première fois, je récure chaque millimètre de chaque miniplat du plateau-repas, et j'en demande un autre, si jamais il en restait. L'hôtesse de l'air comprend clairement ce que j'attends d'elle. Mon plateau de petit déjeuner arrivera doublement servi. De tout.

Chapitre 5

ARCS-EN-CIEL, HOBBITS ET VENTS CONTRAIRES

5 septembre

Nouvelle-Zélande, pays des arcs-en-ciel. Jamais je n'en avais vu autant, aussi souvent, sauf peut-être en Irlande. Les deux pays partagent également la météo. Il pleut, puis il ne pleut plus. Et puis il repleut, comme un robinet qui fuit, depuis que j'ai atterri à Auckland. Ensuite, il y a les vents. Apparemment, la Nouvelle-Zélande est aussi réputée pour leur violence. Rien à voir avec le technicolor romantique que je m'étais imaginé pour traverser le pays onirique du blockbuster de Tolkien, *Le Seigneur des Anneaux*. Depuis ma découverte des films, j'avais toujours voulu visiter ce pays ; j'ai donc été aux anges lorsque la Nouvelle-Zélande s'est avérée l'une des rares options possibles pour passer mes deux antipodes réglementaires.

Après avoir gagné Hamilton, l'une des plus grandes villes au sud d'Auckland, mon GPS cesse soudainement de fonctionner, la batterie de mon smartphone se vide, et je ne trouve aucun magasin qui vende des cartes routières. Quasiment aucun panneau de signalisation en rase campagne : trouver mon chemin se transforme donc en une série d'hypothèses, devinettes et questions-réponses géante. Soit je ne comprends pas ce que l'on me dit, soit c'est l'inverse, car il arrive toujours un moment où je me trompe. J'avais l'intention de me diriger vers Te Kuiti, puis de longer la côte ouest jusqu'à Wellington, mais me voici désormais quelque part au milieu de l'île du Nord, entourée de collines.

Antonio parvient enfin à me joindre sur le téléphone d'urgence.

« Où es-tu ? » Il est trois heures du matin en Italie. Antonio se lève toutes les heures pour vérifier si mon tracker a bougé et pour essayer de m'appeler.

« Aucune idée. Les gens du coin n'arrêtent pas de m'indiquer des directions différentes. »

« OK, alors c'est quoi le dernier endroit par lequel tu es passée ? »

« Mais tu ne me vois pas sur le tracker ? »

« Non. Aucun mouvement depuis hier. J'ai pensé que quelque chose t'était arrivé. »

Effectivement, mon Spot clignote en rouge. Je n'ai aucune idée de ce que cela signifie, sauf que vert, c'est bien. Donc rouge, ça doit être mauvais.

« Tu as raison. Apparemment, ça ne fonctionne pas. »

« C'est les piles ? »

« Je pense pas. Je les ai remplacées aux États-Unis. De toute façon, je n'en ai pas de rechange, si c'est ça le problème. »

« Putain, ça sent pas bon. On fait quoi si je ne peux pas voir où tu es ni te contacter ? Impossible de t'aider si je ne sais pas où tu es. »

« Je viens de traverser une petite ville, Tokoroa. »

« Attends. » Antonio va sur le Web pour vérifier ma position. « Ju, c'est quoi ce bordel ! Tu es près du lac Taupo, en plein milieu de l'île. Tu te diriges tout droit vers les pires montagnes. Tu étais censée suivre la côte ! » Il crie au téléphone comme le vrai Italien du Sud qu'il est. Et à chaque fois, ça a le don de me rendre nerveuse. La seule chose à laquelle je ne m'habituerai jamais dans cette partie de l'Italie, ce sont les cris. Le bruit permanent. L'art de tout dramatiser – (sur)exagération et stress inclus – d'un Méditerranéen.

Je me souviens de la première fois qu'Antonio m'a invitée à déjeuner dans sa famille. À Naples, le déjeuner dominical touche au rite. Tradition incontournable. La *mamma* passe toute la matinée à cuisiner au moins trois plats, que toute la famille dévore en quelques minutes. J'ai rapidement appris à *engloutir* ce que je mangeais si je voulais tenir le rythme – et goûter à tout (manger vite : autre compétence utile sur la route). Le père, la mère et le frère d'Antonio criaient littéralement à tue-tête, surtout Anna Maria, sa mère, un phénomène sonore. Sa voix ponctuait les phrases des autres comme mille points d'exclamation suraigus. Manifestement, j'étais tombée en pleine scène de guerre.

« Ils se disputent à propos de quoi ? »

« *Disputent ?* T'es trop mignonne, va ! » Antonio me pinça la joue en riant. « Ils débattent de la recette des aubergines farcies. »

Quand un claquement brutal résonna : « *BUONO*[25] *?* » La question d'Anna Maria explosa si fort que j'en sursautai. Tout le monde s'en aperçut. La pièce devient totalement

25. « *Alors, c'est bon ?* »

silencieuse pendant à peu près trois secondes, puis tous éclatèrent de rire.

« Ma grand-mère était sourde, expliqua Antonio. Maman s'est donc habituée à crier. D'ailleurs, c'est peut-être pour ça qu'on est tous un peu sourds. »

Pour Antonio, sa famille et tout bon Napolitain, parler normalement équivaut à ce que n'importe qui appelle *crier*. Conséquence logique : crier équivaut à *déchirer* le tympan à coups de décibels. À cet instant de notre échange téléphonique, la voix d'Antonio fait grimper mon stress jusqu'à son point de rupture. Opter pour une réponse proportionnée. Je riposte à un volume sonore qu'il intégrera sans problème : « OUI, ANTONIO ! JE DEVAIS SUIVRE LA CÔTE, SAUF QUE JE N'AI NI CARTE NI GPS, ET QU'IL N'Y A PAS UN SEUL PUTAIN DE PANNEAU ! »

« Mais pourquoi tu cries ? » demande-t-il. Je le fais si rarement qu'à chaque fois il en reste coi.

« Je crie parce que *tu* cries, et je suis déjà assez stressée comme ça. »

« Je ne sais pas quoi te dire. T'es complètement baisée. »

L'analyse crue d'Antonio n'arrange en rien ma colère.

« Merci. Super utile. Maintenant je fais quoi, selon toi ? »

« Demi-tour. »

« Je ne peux pas, les règles du Guinness disent bien qu'il est interdit de revenir en arrière pendant la tentative. »

« Alors là, t'es vraiment complètement baisée. »

« Antonio, je t'en supplie, arrête ça ! »

« Il n'y a qu'une seule autre ville à proximité d'où tu es. Elle s'appelle Mangakino. Moi, je pense que tu devrais t'y arrêter pour la journée et revoir ton itinéraire. Sinon, où que tu ailles maintenant, tu devras traverser des montagnes, et pas des petites. »

Il est déjà midi et je n'ai rien avalé depuis le petit déjeuner. Je me sens faible, au bord du vertige, mes muscles tremblent et ma gorge est douloureuse ; probablement les signes avant-coureurs d'un rhume dû au vent et à la pluie. Pour corser le tout, mes règles viennent de commencer et le premier jour décuple toujours les crampes. Mangakino s'impose, de là nous verrons bien. Je prends sa direction pour y manger quelque chose, recharger mon téléphone et acheter une carte. Si j'en trouve une.

Mais Antonio n'en a pas fini avec les mauvaises nouvelles. « Au fait, Ju. On n'a plus d'argent pour le record. Il ne te reste plus que trois cents euros sur le compte. Si rien ne rentre dans les prochains jours, tu devras revenir. En fait, je ne sais même pas comment tu rentreras. Il n'y a pas assez d'argent pour un vol. »

Voilà, je viens d'établir un record plancher. Stop, trop fatiguée. Je ne veux plus penser. Ce qu'il me faut, c'est dormir, et à satiété. Les idées sont plus claires au matin, alors demain je ferai le point et trouverai forcément un plan. Je pédale jusqu'à Mangakino pour y rester un jour entier.

La ville me rappelle l'une de ces colonies minières sur le déclin, composées en grande partie de préfabriqués miteux. Une auberge est en cours de rénovation, près de la rivière, mais on accepte de me donner un lit pour la nuit. Alors que ma chance semble enfin tourner, l'espoir rechute lorsque la responsable, une jeune Anglaise blonde, me dit qu'Internet est en panne. Et non, ils n'ont pas de cartes papier de la Nouvelle-Zélande.

Comment revoir mon itinéraire du lendemain ? Je suis abattue. Cette journée n'est qu'une succession de problèmes. Je descends vers le fleuve par un sentier sinueux afin de réfléchir un moment. Un vieux monsieur tient un bar de fortune sur la berge, et m'y offre un verre. L'été, sa cantine sert également à manger aux touristes et aux locaux pratiquant des sports nautiques sur la rivière Waikato. Il s'essaie aux pizzas en vue de la saison à venir, tandis que son ami anglais assis en face de moi goûte ses créations culinaires. Je suis chaleureusement invitée à me joindre à eux.

Contrairement à une idée très répandue, une pizza mieux garnie ne signifie en rien meilleure. Inventeurs du plat, les Napolitains sont extrêmement minimalistes : le secret, c'est la qualité des ingrédients, et non leur quantité. La plupart d'entre eux ne mangeront jamais autre chose que la pizza originelle ; tomate, mozzarella, basilic. Absolument divine. Selon eux, si vous devez la recouvrir de tout un tas de conneries, c'est que la pizza du dessous n'est déjà pas bonne. En outre, posez une couche de *mélange-de-légumes-asiatiques* surgelés sur une pizza et vous toucherez à la parodie comestible. N'importe quel natif de Naples affirmerait qu'une telle chose ne devrait tout simplement pas avoir le droit d'exister – l'idée même. Et maintenant que je viens d'en essayer une, j'avoue que je suis tout à fait d'accord.

Au moins, la compagnie fait oublier la pizza. Lorsque la conversation débouche finalement sur ma balade à vélo et mon trajet insoluble, le Britannique me propose son ordinateur et une connexion web pour calculer tous les itinéraires possibles. Mais Google Maps concorde quasiment avec

Antonio : peu importe ma direction demain, je suis – selon l'expression d'Antonio – définitivement *baisée*.

« Vous devrez prendre la Desert Road, explique le Britannique. Il n'y a rien sur des kilomètres à la ronde ; d'où son nom. Les militaires utilisent la zone pour s'entraîner. En général la route est fermée en hiver, car trop dangereuse. Mais maintenant que c'est le printemps, ce devrait être ouvert. Surtout, prévoyez suffisamment d'eau et de nourriture. Vous allez croiser des sommets volcaniques. C'est une très longue montée, mais il y a quelques panoramas incroyables. »

Rien de tout cela ne m'encourage vraiment. « Et si je prenais vers l'ouest, pour longer la côte ? »

« À ce stade, ça ne vous servira plus à rien. Vous devrez encore franchir des montagnes. Et ce serait encore pire. Non, croyez-moi, la Desert Road reste votre meilleure option. Et puis maintenant que vous êtes ici, autant découvrir le meilleur de ce pays. »

6 septembre

Tandis que je lutte à travers le haut plateau volcanique, je continue de me demander si la Desert Road était vraiment la meilleure option. Quand il a dit que ce serait « une longue montée », jamais je n'aurais imaginé que quelque chose puisse être long *comme ça*. J'ai grimpé régulièrement pendant 130 bons kilomètres et presque sans pause. Tout ce que j'ai mangé à part les bagels au fromage du petit déjeuner, ce sont des barres protéinées rapportées des États-Unis. Bêtement, j'ai osé supposer qu'il y aurait au moins quelques stations-service où je pourrais me ravitailler.

Mes muscles tremblent d'effort. Je mets régulièrement pied à terre pour étirer les crampes naissantes de mes cuisses, me demandant désespérément comment je vais continuer si ça dure encore longtemps. Aucun moyen de savoir où je suis ni où se trouve la ville la plus proche. Il n'y a qu'une chose que je puisse faire : pédaler, et pédaler encore.

Le vent a soufflé dans mon dos presque toute la journée, mais il a désormais changé de direction et balaye les montagnes enneigées vers l'ouest. Des panneaux avertissent les camions de sa violence – et je comprends vite pourquoi. Les rafales deviennent de plus en plus fortes à mesure que le soleil se couche, parfois à plus de 95 kilomètres/heure. Après avoir été éjectée deux fois hors de la route, je suis même obligée de poursuivre à pied.

La température chute pendant que l'obscurité m'enveloppe. Tant que je pédalais, je maintenais un semblant de chaleur. À présent, non seulement mes vêtements sont inadaptés à des températures négatives, mais en plus ils sont trempés de sueur. Le vent est si fort qu'il soulève même Pégase et les sacs. Pour la première fois, titubant lentement et luttant pour garder l'équilibre, je commence à m'inquiéter réellement pour ma sécurité. J'ai perdu toute sensation dans les extrémités et mon corps est secoué de spasmes tétaniques, ce qui me fait craindre les premiers stades de l'hypothermie.

Lorsque Antonio appelle, je n'entends que le hurlement du vent dans mes oreilles.

Je crie dans l'appareil : « J'entends rien ! Si tu m'entends, je ne sais pas où je suis. Mais la prochaine ville ne doit pas être loin. Je t'appelle quand j'y suis. » *Si seulement j'y parviens.* Inutile de lui préciser que j'ai de sérieux ennuis. Que pourrait-il faire ? Sans le tracker, il ne peut même pas me localiser ; il passera toute la nuit à paniquer si je lui avoue à quel point ça va mal.

Dans la pénombre épaisse, je distingue quelque chose devant moi. Un camping-car stationne de l'autre côté de la route. Dans l'encadrement de la fenêtre, la silhouette d'une femme. La lumière du néon irradie ses cheveux argentés comme une auréole et, en cet instant, c'est l'ange salvateur que j'entrevois. Je traverse la route et frappe à la fenêtre. Elle lève les yeux de sa vaisselle, sourit et salue, comme si une cycliste qui cognait à sa fenêtre relevait de la plus grande banalité.

Je crie à travers le vent : « Au secours ! »

Elle me fait signe de passer de l'autre côté et, alors qu'elle ouvre la porte, une puissante rafale rabat violemment celle-ci contre le flanc du van.

« Mon Dieu ! Oh la la, quel vent ! » hurle-t-elle en descendant les marches.

« S-s'il vous plaît, vous p-pouvez m'aider… » J'articule péniblement. Mes dents font des claquettes. « J-Je crois que je f-fais de l'hypothermie. »

« Ma pauvre ! Mais qu'est-ce que tu fais ici par ce temps et dans le noir ? Oh mon Dieu ! » Une nouvelle rafale manque de nous éjecter. La femme vacille et s'agrippe au côté du camping-car.

« Je roulais sur la Desert Road, m-mais le vent est devenu trop fort. Je n-ne s-sais pas à quelle distance se trouve la prochaine ville. »

« Tu es toute seule ? »

J'acquiesce.

« Tu es folle. »

Son mari – cheveux gris et teint rougeaud – vient jeter un œil. « Tiens ! Tout va bien ? »

« N-non, p-p-pas vraiment. » Maintenant, je n'arrive plus à contrôler mes dents.

« La pauvre s'est fait piéger sur la route, dans le noir, explique son épouse. Rentre vite te réchauffer et boire quelque chose. »

« Oui, tout le monde dedans, acquiesce-t-il. Ce n'est pas un temps à sortir. »

« Et mon v-vélo ? »

« Euh, eh bien on peut le mettre à l'arrière. »

Il ouvre le coffre, m'aide à déposer Pégase à l'intérieur, puis nous nous entassons dans le van.

« Je m'appelle Trevor, et voici ma femme, Pat », me dit-il. Lorsque je suis tombée sur eux, ils s'étaient arrêtés pour dîner et faisaient un brin de ménage.

« Moi c'est Juliana. »

« Mon Dieu, mais regarde-toi, pauvre chérie ! Tu trembles. Qu'est-ce qu'on peut t'offrir ? Une bonne tasse de thé bien chaud ? » propose Pat.

« Oublie le thé. Un trait de bourbon, ce sera mieux », suggère Trevor, et je ne demande pas mieux. Il attrape la bouteille dans le placard et me sert un verre. « Voilà. Allez, descends-moi ça. »

Inutile de me le redire. J'avale sagement la liqueur ardente. Entretemps, Pat pose une bouilloire sur le feu et pendant qu'elle prépare le thé, Trevor me sert un deuxième verre. Je sens la chaleur se répandre en moi, les picotements du sang qui rafflue, se précipite dans chaque extrémité. Lorsque arrive le thé, je suis déjà bien réchauffée.

« Bien. Alors... » commence Trevor qui m'observe de l'autre côté de la petite table pliante. « Dis-nous. Qu'est-ce que tu fais toute seule par ici sur un vélo ? »

« Je traverse l'île Nord. »

« Tu *quoi* ? »

« Je traverse l'île à vélo. D'Auckland à Wellington. »

« Toute seule ? »

« Ouais. »

« Pourquoi ? »

Ce n'est pas la première fois qu'on me pose cette question. « Euh, eh bien... Parce que je fais le tour du monde à vélo et que... ça passe par la Nouvelle-Zélande. »

Blanc.

Trevor me regarde d'un air absent. Puis il commence à rire. « Tu... fais... *le tour du monde* ? »

« C'est ça. »

Pat s'assoit à côté de lui en secouant la tête. « T'es tarée. »

« Peut-être bien que oui. »

Trevor insiste. « Pourquoi ? »

Je souris. « Pourquoi pas ? »

« Allez, sérieusement. »

« Eh bien, j'espère établir le premier record féminin de tour du monde à vélo. » J'explique tout en détail, l'itinéraire, les règles et tout ce qu'ils veulent savoir. Pendant que nous discutons, Pat prépare des saucisses et du pain beurré pour mon dîner. Elle me rappelle ma grand-mère maternelle allemande, ma *oma*. Douce, prévenante et attentionnée.

Oma et *Opa* étaient venus en Grèce pour me rendre visite lorsque j'étais bébé, et Mariana une bambine d'à peine un an. Nous vivions dans une grande communauté sur la plage de Rafina, juste aux portes d'Athènes. Papa avait créé une émission de radio – *Music with Meaning* – diffusée sur plus de deux mille stations à travers le monde, et quiconque parmi nous savait jouer d'un instrument ou chanter était envoyé à Rafina pour composer la musique du spectacle. Maman était violoniste dans l'émission, et quand papa tomba malade, elle fut chargée de s'occuper de lui. Ils tombèrent amoureux, j'en fus le résultat, suivie de mon frère Victor.

Maman souffrait d'une forme rare d'arthrite qui s'aggravait à chaque grossesse et, après que Lily fut conçue, son état se détériora au point qu'elle pouvait à peine marcher. Pour les dirigeants de la secte, ce motif suffit à la séparer de mon père. La vedette, c'était lui, et ils ne désiraient surtout pas que son attention et son dévouement soient distraits par une amourette et une famille grandissante. Maman fut renvoyée en Allemagne avec mon frère et mes deux sœurs pour y être soignée. On la força à m'abandonner alors que j'avais quatre ans, et je n'entendis plus parler d'elle jusqu'à ce que l'on m'autorise à lui rendre brièvement visite, pour la première fois. J'en avais désormais quatorze.

Je ne revis mes grands-parents qu'à dix-sept ans, lorsque je décidai de les rencontrer seule. Ils s'étaient toujours demandé ce que j'étais devenue et furent fous de joie lorsque je repris contact. Après le retour de maman en Allemagne avec mes frères et sœurs, j'avais tout simplement disparu de leur vie, comme n'ayant jamais existé. Retrouver mes grands-parents fut un moment particulièrement émouvant. Je ne reconnaissais pas leurs visages, mais eux avaient conservé tout un tas de photos de moi et du reste de la famille pendant ma petite enfance. On m'avait ordonné de détruire toutes celles que je possédais, c'était donc la toute première fois que je voyais des photos de ma mère, mon père, mon frère et mes sœurs ensemble.

Un soir, Oma et Opa sortirent, me laissant seule dans leur salon. La bande originale du film *Somewhere in Time*[26] passait sur le vieux tourne-disque. Assise en tailleur sur le parquet, je feuilletais des albums de famille lorsqu'une profonde tristesse me submergea – semblable à celle que j'éprouvais souvent enfant, au réveil d'un rêve récurrent. Dans ce songe, j'apercevais au loin ma mère tenant mon frère et ma sœur par la main. J'avais beau les appeler de plus en plus fort, ils ne m'entendaient pas et s'éloignaient alors que je tentais désespérément de les rattraper. J'avais beau courir, ils me distançaient toujours plus. Je me réveillais en sanglotant hystériquement, mon matelas trempé de sueur.

Ce soir-là, en Allemagne, alors que je regardais une photo de moi souriante, à deux ans, sans prévenir un sentiment de deuil profond me percuta l'estomac. Cette petite fille heureuse ne savait encore rien. Rien des épreuves qu'elle allait devoir affronter, ni le sentiment d'abandon, ni le traumatisme de grandir seule dans un monde effrayant, sans jamais savoir qui frapperait le coup suivant, sans personne pour la protéger, personne vers qui se précipiter pour demander de l'aide, personne pour lui offrir un peu de consolation. Consolation. Un sanglot indescriptible secoua alors mon corps jusqu'à

26. *Quelque part dans le temps* de Jeannot Szwarc (1980), film fantastique sur le thème du voyage dans le passé.

devenir un hurlement torturé. Je ne me l'étais plus autorisé depuis des années, et désormais les larmes coulaient à flots. Plus possible de m'arrêter. Des heures entières, je pleurai l'enfance, la famille, et l'innocence qu'une enfant avait irrémédiablement perdues.

Je demeurai avec mes grands-parents une semaine entière, et compris pour la première fois ce que signifiait une *famille*, *avoir* une famille qui s'occupait *concrètement* de moi. L'esquisse de tout ce que j'avais manqué au cours des quatorze années précédentes. Peu de temps après, je renouai avec ma mère et fêtai mes dix-huit ans avec elle, mon frère et mes sœurs.

« Eh bien, tu avais faim ! » note Pat alors que j'expédie ce qu'il reste des saucisses et du pain.

Évidemment, la prochaine question, c'est : *Et maintenant ?*

« À quelle distance se trouve la ville la plus proche ? »

« Je dirais environ 15 kilomètres par là. » Pouce levé, Trevor pointe la route qui redescend la montagne, dans son dos.

« Pensez-vous que le vent va faiblir un peu ? »

« M'étonnerait. Ça risque de durer jusqu'à demain matin. »

« Génial, je soupire. Pensez-vous que vous pourriez me déposer là-bas ? Je n'aurai qu'à remonter ici demain, là où j'ai stoppé, pour en repartir. »

Trevor n'a pas l'air très chaud pour refaire leur trajet en sens inverse. Le couple prévoyait de rouler encore 200 kilomètres ce soir pour passer la nuit auprès d'amis. Nous échafaudons ensemble jusqu'à ce qu'il frappe des deux mains sur la table : « Écoute, ça n'a aucun sens : tu ne vas pas descendre là-bas pour remonter, puis finalement redescendre. On restera garés, et tu pourras passer la nuit ici si la couchette là-haut ne te dérange pas. » Second pouce par-dessus l'épaule, indiquant cette fois une petite cabine au-dessus du siège conducteur. Cela pourrait être un lit *king size* dans un palace, je ne verrais pas la différence, tant cette journée m'a anéantie.

« Ça a l'air merveilleux. Je pourrais dormir presque n'importe où. Mais vous êtes vraiment sûrs ? Je ne veux surtout pas déranger. »

« Pas de souci. Si ça te va, on fait comme ça ; on préviendra nos amis qu'on reporte notre arrivée à demain. »

« Ça me touche beaucoup. *Merci, infiniment.* »

« Tu auras sûrement envie de petit-déjeuner avant de partir. À quelle heure te lèves-tu ? » demande Pat.

« En général, je me réveille à l'aube, donc vers six heures. Mais ne vous inquiétez pas pour ça, je peux me débrouiller en ville. »

« Ça n'est pas un problème. On se lèvera nous aussi vers cette heure, alors autant manger ensemble. »

7 septembre

Comme prévu, Pat se lève tôt et prépare du café et des toasts avec du beurre et du miel. Je mange rapidement, prépare Pégase et dis au revoir à mes sauveurs. Le vent, bien qu'encore puissant, a considérablement faibli. Plus exactement, il souffle désormais dans mon dos. Après une bonne nuit de neuf heures, je me sens totalement régénérée et prête à relever les défis du jour.

Hier matin, j'ai réalisé et posté une courte vidéo sur ma page Facebook pour faire savoir aux gens que je n'avais plus d'argent, et que je devrais donc rentrer chez moi sous peu. J'avais espéré que partir sans sponsor prouverait tout le sérieux de mon projet et que, tôt ou tard, une quelconque entreprise miserait sur moi une fois que je serais en route. Aujourd'hui, je me rends compte que cela dépassait l'optimisme.

À peine la vidéo en ligne que les messages ont commencé d'abonder de la part de *followers*, me disant de ne pas m'inquiéter pour l'argent et, surtout, de continuer. Antonio m'appelle pour me dire que les dons affluent et que nous disposons désormais d'assez pour viser l'Australie. Rassérénée par cette improbable bonne nouvelle, je réserve un vol pour Brisbane à l'aube du 9 septembre.

Malgré les mésaventures et déconvenues en série qui ont constitué jusqu'à présent l'essentiel de mon expérience néo-zélandaise, je continue d'être largement payée en retour en traversant un paysage indescriptible, digne d'une autre planète. Le choix de son pays d'origine par Peter Jackson pour y situer sa trilogie était une évidence. Je m'attends toujours à tomber sur un hobbit fumeur de pipe, émergeant de l'une des nombreuses collines aux formes étranges, tapissées de verts et de jaunes vifs. Une dramaturgie splendide semble animer le tout ; de furieux vents de travers fouettent les nuages comme des troupeaux turbulents ; les rivières meurent théâtralement en explosant par cascades, propulsées depuis des falaises abruptes. Cette terre possède une beauté extravagante et obsédante. J'ai l'impression d'avoir franchi le seuil d'un autre monde.

8 septembre

J'allume la télévision et consulte la météo du jour. Des vents atteignant jusqu'à 160 kilomètres/heure et de fortes pluies sont attendus à treize heures. Wellington n'est pas surnommée *la Ville du Vent* pour rien. En revanche, la bonne nouvelle est que ces rafales souffleront majoritairement dans mon sens. Or, je dois rejoindre l'aéroport avant treize heures.

En théorie, ça a l'air simple. Mais la réalité l'est rarement. Pour m'éviter d'emprunter l'autoroute – option rectiligne, directe, et surtout illégale –, mon GPS me promène sur une kyrielle de routes secondaires qui n'existent pas. Je réussis même à me perdre plusieurs fois et dois rebrousser chemin – désormais *face au vent*, évidemment, parfait pour nous dire nos quatre vérités. Et pourtant, à treize heures, je ne suis plus qu'à 10 kilomètres de l'aéroport, et commence à me détendre. Le ciel choisit alors d'exploser précisément à cet instant. La plus féroce des moussons s'en trouverait humiliée. Prise sous les balles, c'est un torrent dantesque qui me canarde par salves.

« Allez, bon sang, pas maintenant ! » Je crie en plein maelström. Mais que faire ? Rien. Accueillir le déluge et continuer à pédaler. *Ce que tu ne peux pas vaincre, fais corps avec.* J'arrive à l'aéroport trempée jusqu'aux os, sacs et vélo inclus, choquant le quidam tandis que je me fraie un chemin dans le hall des départs jusqu'à une cafétéria. Vite, quelque chose de chaud.

Sirotant un cappuccino, je consulte mes messages téléphoniques. Mark Bennett et sa femme vivent à Wellington et me suivent sur Facebook. Ils avaient proposé que nous nous rencontrions à l'aéroport, car ils connaissent une boutique à proximité où je devrais trouver un carton aux dimensions de Pégase. En outre, c'est aujourd'hui même qu'ils rentrent de vacances sur l'île Sud. Nouveau message de Mark, m'informant que leur avion a été retardé d'une petite heure. Mon vol pour Brisbane part de bonne heure demain matin, me laissant une demi-journée sereine pour démonter Pégase, l'empaqueter, et remettre un peu d'ordre dans mes affaires.

J'en profite pour m'installer dans un autre café, et manger un morceau durant cette heure d'attente. À l'instant où je termine, Mark et sa femme arrivent et nous prenons le chemin du magasin de vélos pour récupérer la boîte. Lui-même cycliste patenté, Mark connaît bien la rudesse des éléments néo-zélandais de par ses nombreux périples.

« Lorsqu'ils ont entendu parler de ton aventure, nos deux fils ont décidé de casser leur tirelire pour tout donner à la Safe Passage Foundation », me dit-il.

« *Waouh !* Quel âge ont-ils ? »

« Sept et dix ans. »

« S'il vous plaît, surtout, dites-leur merci. Vous ne pouvez pas savoir à quel point cela compte pour moi. »

« Tu décolles à quelle heure ? »

« Très tôt le matin. Il faut que je trouve un endroit pas cher juste à côté de l'aéroport, je dois être debout vers trois heures. »

Malheureusement, je découvre trop tard que tous les hôtels ou auberges à proximité sont complets, car la Nouvelle-Zélande joue un match de football important demain. « Bon, eh bien, je crois que la seule option qui me reste sera de dormir dans le hall. »

« N'y pense même pas, intervient Mark. L'aéroport ferme chaque nuit. Il ne rouvre qu'à quatre heures. »

Une fois de plus, la gentillesse kiwi me sauve. Les Bennett m'invitent à passer la nuit dans leur chambre d'amis, et Mark s'arrange même pour que son père me conduise à l'aéroport dès l'aube. Je prends mon premier bain chaud depuis plus d'une semaine, lave et sèche tous mes vêtements, nettoie et emballe Pégase en vue d'un voyage de 5 230 kilomètres à travers l'Australie. Je pense à la suite, à l'inconnu, j'imagine. Nouveaux horizons, nouveaux frémissements : cette histoire d'aventure devient vraiment addictive.

Chapitre 6

PIES KAMIKAZES

9 septembre

Jesse me retrouve dans le hall des arrivées de Brisbane, et patiente pendant que je remonte Pégase. Il n'a pas changé depuis notre dernière rencontre il y a dix ans, en Gambie : grand et bel homme, cheveux noirs et traits asiatiques. À l'époque, je rendais visite à Mariana et Lily au Sénégal, et nous avions pris un taxi-brousse pour franchir la frontière gambienne, là où résidait Victor avec Jesse, sa femme Maria et leur bébé. Tous luttaient pour survivre comme travailleurs humanitaires.

Sans aucun soutien et dans un pays très appauvri, ils peinaient à collecter des fonds, même pour les premières nécessités. Nourriture la moins chère disponible, œufs durs et cacahuètes constituaient l'essentiel de leur alimentation. Ils tinrent bon jusqu'à ce que leur fils ne frôle la mort d'une maladie grave, et que Maria retombe enceinte. Décidant que c'en était assez, ils retournèrent alors dans leur pays d'origine, l'Australie.

Je suis derrière la voiture de Jesse pour nous éloigner de l'aéroport. Si trouver son chemin vers Brisbane est déjà compliqué, dénicher une voie cyclable est une vraie gageure.

« Un de mes amis cyclistes, Mick, voudrait rouler un bout avec toi », m'informe Jesse lorsque nous nous arrêtons dans un centre commercial. Alors qu'il descend de son vélo de route noir brillant, je reconnais l'homme. Mick a vieilli, mais ces cheveux blond sable, ces yeux bleus et ce nez distinctif, ça ne trompe pas. « On se connaît ! »

« Ah bon ? »

« Tu ne te souviens pas de moi au Japon ? »

Mick avait fréquenté l'école de Tateyama, au Japon, où j'avais été envoyée à huit ans. Les leaders de la secte l'avaient lui aussi séparé de ses parents, de telle sorte qu'il échouait régulièrement dans ces mêmes *centres de formation* – travestis en « écoles internationales » – créés spécifiquement pour conditionner et endoctriner les enfants nés dans le culte.

Je n'avais pas six ans lorsqu'on m'expédia vers le plus grand d'entre eux, aux Philippines, pour m'y parquer avec trente-cinq autres enfants du même âge. Ce fut le premier d'un grand nombre d'établissements qui pullulèrent de par le monde. Tous utilisaient la privation de nourriture et de sommeil, les passages à tabac, les « exorcismes », le silence forcé et l'humiliation publique pour constituer une armée de « petits soldats du Christ ». J'appris à hurler « Révolution pour Jésus ! », à ne jamais douter d'aucune instruction ou doctrine, et à ne jamais m'attacher à mes camarades, ma famille ou même mes biens matériels. Le plus effrayant, c'est que l'on m'inculqua l'acceptation de la mort en martyre.

Les Enfants de Dieu pratiquaient un culte apocalyptique, fondé sur l'attente d'une fin du monde imminente. D'un jour à l'autre, nous disait-on, la Grande Tribulation arriverait ;

alors, les armées de l'Antéchrist prendraient le contrôle de la Terre durant sept ans. Pendant ce temps, nous devions nous cacher. Si nous étions capturés, nous serions probablement torturés et exterminés. Les premiers martyrs chrétiens étaient ainsi nos héros d'enfance ; point de contes de fées à l'heure de nous endormir. On nous abreuvait d'histoires aussi macabres que l'épreuve de l'apôtre Daniel dans la fosse aux lions, tel prophète envoyé nu sur un lac gelé, tel autre sacrifié ou brûlé vif – indispensables pour préparer nos jeunes esprits à la mort, et ce, avant même que nous ne puissions commencer à penser à exister.

À l'époque, l'idée d'atteindre la trentaine paraissait tout aussi inconcevable que celle de vivre éternellement. Nous étions nés vieux, nous attendions d'en finir. Convaincus que l'existence ne serait qu'une page de pub, immédiate et instantanée, remplie de sacrifices et de souffrances, puis effacée d'un souffle. Disparue comme une mauvaise idée, un battement de cils dans l'au-delà, paradis éternel.

J'ai pleuré le jour de mon trentième anniversaire. Antonio m'a demandé ce qui n'allait pas. « Je n'étais pas censée vieillir ! »

Il pensait que j'étais hystérique. « Mais tu n'as que trente ans ! » m'a-t-il répondu en riant.

Jamais la Juliana de huit ans n'aurait imaginé qu'elle finirait par grandir et faire du vélo autour du monde.

« Allez, je vous laisse vous retrouver, dit Jesse en repartant. On se retrouve plus tard à la maison ? »

Jesse habite à 70 kilomètres le long de la côte ; mais après 55 kilomètres, je subis ma première panne. Le levier de vitesses a dû être endommagé pendant le vol, car le dérailleur s'est coincé profondément dans les rayons. « Et merde. » Direction le café du coin avec Pégase sous le bras, pendant que Mick appelle Jesse.

« Bien, double bonne nouvelle : il arrive tout de suite, et il y a un magasin de vélos pas loin », annonce Mick en raccrochant.

Pause réconfort oblige, la part de gâteau me fait du bien en attendant que Jesse apparaisse, ce qu'il fait en moins de dix minutes. Nous déposons Pégase à la boutique et Jesse nous conduit chez lui, où Maria nous attend avec des bières fraîches. Elle me fait visiter leur maison, spacieuse et décorée avec goût ; la cuisine menant à une véranda ouverte sur un vaste jardin. Quelle différence avec mes derniers souvenirs d'eux en Afrique ! Jesse travaille désormais dans l'informatique et Maria prépare un diplôme, tout en travaillant à temps partiel dans l'école de leurs garçons.

Nous nous asseyons tous les quatre dans le jardin avec nos bières, et Jesse allume le barbecue. Que ce moment est bon, simple et apaisant comme un retour en famille. Nous avons tous partagé la même éducation hors normes, que la plupart des gens considéreraient au mieux comme *étrange* ; mais une fois réunis, inutile de parler. D'expliquer. Nous savons qui nous sommes et d'où nous venons. Notre foyer n'était ni une maison ni un quartier, une ville ou un pays ; encore moins une personne. Non : c'était un groupe, une identité collective qui parlait la même langue, employait le même jargon, chantait les mêmes chansons et suivait le même système de croyances. Tant que vous parliez, chantiez et pensiez de la même manière, vous en faisiez partie.

Qui croirait qu'aujourd'hui nous venons de nulle part ? Et pourtant. Nous nous mélangeons à tout, nous nous fondons *partout*, mais nous n'appartenons jamais vraiment à *quelque part*.

Avec notre histoire commune aussi impalpable qu'un rêve éveillé, nous nous retrouvons sur des forums web, à échanger des anecdotes ou des formules toutes faites, comme des enfants troqueraient des autocollants qui brillent, cherchant désespérément une preuve. Celle que nos souvenirs sont bien réels, que notre enfance étrange a vraiment existé.

Peu importe où je vais dans le monde, je retrouve toujours cette même compréhension tacite. C'est comme appartenir à une société secrète. Nous ne prenons soin les uns des autres qu'en raison de notre identité culturelle commune, même si c'est celle que la plupart d'entre nous préféreraient oublier.

10-11 septembre

Jesse pédale avec moi sur les premiers kilomètres de la Gold Coast. La plupart des routes possèdent de larges pistes cyclables, chose que je n'ai pas souvent vue en Europe ou aux États-Unis. Malgré tout, Jesse me met en garde : « Ici, les automobilistes ne sont pas très patients avec les cyclistes, alors fais bien attention. » Dans un dernier adieu de la main, il quitte l'autoroute pour aller travailler, me laissant seule sur la route de Sydney.

Je pédale vers le sud le long de la côte est sur une route totalement plate, ce qui me permet d'accélérer, qui plus est avec un agréable vent arrière. Pégase possède un nouveau dérailleur arrière, mes jambes sont puissantes et je suis de bonne humeur. Le soleil brille haut lorsque je remarque l'ombre d'un oiseau qui plane. Quand tout à coup, il plonge jusqu'à voleter à côté de moi, sans cesser de piailler.

« Eh bien, salut à toi aussi, monsieur l'Oiseau. Tu es drôlement sympa... Mais qu'est-ce QUE TU F... !?! » Dans un cri d'alarme, mon ami à plumes pique tête baissée sur mon casque. Je me souviens alors avoir entendu parler d'attaques de pies en Australie et fais – un peu tard – le rapprochement. Donc c'est une pie, et je ne murmure pas à l'oreille des oiseaux. J'agite une main au-dessus de la tête et pédale aussi fort que possible, alors que l'oiseau continue de tourner, préparant une nouvelle attaque. Il abandonne après quelques kilomètres, mais un autre prend bientôt la relève. C'est le début du printemps, l'heure de pointe pour la nidification, et toutes les pies australiennes sont en état d'alerte élevé contre les intrus.

Ce sujet des attaques de pies est bien documenté, et les anecdotes ou conseils nombreux. Apparemment, l'oiseau est capable de reconnaître les visages et n'attaque pas les locaux qui leur sont familiers. Rien à voir avec les tour-du-mondistes-à-vélo qui offrent visiblement une proie de choix. En outre, ils semblent détester les casques : lors d'une étude scientifique, les volatiles ciblaient clairement les cyclistes casqués et épargnaient les autres. Je ne suis pas prête à ôter le mien pour vérifier cette théorie, notamment parce que c'est la seule chose qui me reste entre leur bec et mon crâne.

J'atteins la petite ville côtière d'Evans Head au coucher du soleil. En me promenant dans les rues vides pour trouver à manger, j'atterris par hasard dans un pub où trois personnages m'invitent rapidement à les rejoindre. Nous avons donc « Publican[27] », « Lunatic » et « Gigolo » – autoproclamés.

27. « Le Patron », nom usuel d'un tenancier de pub. Également jeu de mots compilant *Publicain* (chevalier de l'antiquité romaine) et *Republican* (républicain).

Ce trio amusant essaie de me divertir tout au long du dîner : le Publican avec ses verres à volonté ; le Gigolo avec sa drague distinguée ; et le Lunatic avec ses blagues décalées. En fin de soirée, le (véritable) *Publican* de ce bel établissement m'offre un porte-clés Rhum Bundaberg en guise de cadeau d'adieu.

« Je veux juste t'offrir quelque chose pour que tu ne nous oublies pas », explique-t-il, puis il me glisse un shot du célèbre rhum local sur le comptoir.

Je réalise soudain pourquoi j'ai traversé des champs de canne à sucre toute la journée. À grand-peine, je m'arrache à la compagnie attachante du trio, car demain m'attend. Même si d'après eux, devoir se lever à l'aube pour parcourir 200 kilomètres à vélo n'est pas une excuse valable pour terminer la soirée si tôt.

12 septembre

C'est avec encore plus de peine que je me réveille à six heures du matin, et prends la route sous dose massive de Metallica pour me bouger. Les martèlements du heavy métal remplissant mes oreilles, je n'entends donc rien des aboiements furieux d'un chien de garde tandis qu'il fend la route vers moi depuis une ferme voisine. Par contre, je sens nettement ses mâchoires baveuses frôler ma cheville alors qu'il tente de l'attraper.

« *Woooaaaahhhh !* » Je hurle, autant par surprise que dans l'espoir (autant essayer) qu'un cri aigu puisse l'effrayer assez longtemps pour m'enfuir hors de sa portée. Shoot d'adrénaline à l'échelle sismique, mon cœur explose en pédalage maximum tandis que les crocs claquent toujours près de mes talons.

À peine ai-je distancé l'animal et retrouvé un semblant de respiration que j'entends le cri notoire. Ça ne trompe pas : gingle de préplongée d'une pie. *Super.* J'accélère le rythme une fois de plus, agitant frénétiquement un bras au-dessus de ma tête. Ne sachant pas si l'oiseau est toujours là, je continue de battre des mains pendant les kilomètres suivants. Juste au cas où.

À midi, j'ai déjà subi cinq attaques de pies, les plus désespérées étant de type bombardement en piqué, école kamikaze, droit vers mon casque. La phobie commence à me gagner. J'enclenche le plan survie à chaque ombre, cri d'oiseau ou style approchant – courber le dos, bander les muscles, se tendre sur le vélo, et remuer des bras comme une démente. Les automobilistes me croisent avec un air bizarre derrière leurs vitres ; certains me saluent même en retour. Mais si j'ai l'air folle, je m'en moque magnifiquement. Ne pas se soucier de ce que les autres pensent vous procure un sentiment de liberté supérieure. Ceci dit, imaginez ce qui se passerait si tout le monde faisait de même. Asile psychiatrique à la Dickens dans l'air.

15 septembre

Hier, j'ai atteint la périphérie de Sydney et décidé de contourner la ville en empruntant Putty Road, la route panoramique qui traverse le parc national de Yengo jouxtant les Blue Mountains. Se diriger dans les grandes villes prend beaucoup de temps. J'essaie toujours de l'éviter, car je m'y perds facilement. Mon sens de l'orientation est surtout efficace sur les axes dégagés ou hors des agglomérations, là où le soleil peut me guider et confirmer ma direction. Tout ce dont j'ai vraiment besoin, c'est d'un itinéraire rudimentaire avec les noms des voies principales ou des villes à croiser. En revanche, lâchez-moi en ville et je serai aussi déconcertée qu'un bambin dans un centre commercial géant. Haut, bas, gauche et droite, tout se ressemble. À mon avis, il n'y a pas grand-chose de plus stressant que de se frayer un chemin dans un labyrinthe urbain – à vélo.

Tout comme Desert Road en Nouvelle-Zélande, Putty Road est inhabitée sur plus de 130 kilomètres. Vu comment je m'en suis tirée la semaine dernière, Antonio n'a pas sauté de joie quant à mon choix d'itinéraire, surtout lorsque j'ai ajouté que je me sentais fiévreuse et faible quand nous avons échangé ce matin. « Et s'il t'arrive quelque chose ? Et si tu tombes *vraiment* malade ? Tu seras au milieu de nulle part, sans personne pour t'aider. »

« Ma seule autre possibilité, c'est de longer la côte, ce qui reviendrait à passer par le centre de Sydney. Putty Road reste la meilleure option. »

« S'il te plaît, Ju, ne va pas dans cette direction. Ce n'est pas une bonne idée. »

Je suis donc partie dans cette direction. Bien sûr.

Et bien sûr, il n'y a pas de réseau téléphonique. À la tombée de la nuit, me voici de nouveau sans eau sous des températures glaciales, dans une obscurité totale avec une batterie de lampe presque morte, et sans aucune idée de la distance qui me sépare de la civilisation. Une certitude toutefois : Antonio développe un ulcère, et ses premiers mots quand il réussira enfin à me joindre seront « Je te *l'avais dit* ! ».

Cependant, contrairement à la Nouvelle-Zélande, je ne suis pas particulièrement inquiète. Antonio sait sur quelle route je suis, et il a le numéro des deux amis d'enfance, Ruth et Marty, qui vivent à proximité et qui m'ont invitée à passer la nuit chez eux. Je suis certaine qu'il lancera les recherches s'il n'a pas de mes nouvelles, et c'est exactement ce qu'il fait. Sauf que ce ne sont pas Ruth et Marty qui me trouvent en premier. Les phares d'une voiture approchent au loin. Le véhicule ralentit et stoppe, et la silhouette d'une femme en sort pour me faire signe. Peu à peu, je distingue une brune aux cheveux longs qui ressemble incroyablement à Cher, chirurgie esthétique en moins.

« Juliana ! m'appelle-t-elle. Je suis Karen, une amie de Donna. » Après m'avoir hébergée à Seattle, Donna a prévenu plusieurs de ses contacts tout au long de mon parcours. Karen vit dans les Blue Mountains et est venue à ma rencontre.

« Tu arrives au bon moment, lui dis-je. Je n'ai aucune idée de la distance jusqu'à la ville la plus proche, mais je commence à avoir froid et soif, et ma lumière est sur le point de s'éteindre. Je pense que mes amis arrivent, mais je ne peux pas les contacter. Il n'y a aucun signal. »

« Il y a une station-service quelques kilomètres plus loin. J'ai aperçu une petite cafétéria à côté. On pourrait aller boire quelque chose et utiliser leur téléphone. Je te montre ? »

« Ce serait parfait. »

Mon téléphone captant une barre de réseau près de la station, je peux enfin contacter Ruth et lui indiquer ma position. Pendant que nous attendons, Karen m'offre à manger et me raconte sa vie. Son vocabulaire sonne fortement hippie, régulièrement ponctué de « *ma sœur* » ou « *mon mec* ».

« J'ai apporté des trucs pour toi. Tu as déjà entendu parler de la racine de maca ? C'est un stimulant incroyable pour l'énergie et le moral. » Karen m'explique qu'elle a surmonté sa dépression postménopause grâce à cette racine magique, et elle pense que ça ferait des merveilles sur moi, pour la route. Elle a même rassemblé des articles détaillant les avantages de l'aliment miracle. « Ne me crois pas sur parole, précise-t-elle. Essaie par toi-même. Il paraît que les athlètes qui en prennent gagnent vingt pour cent de performances. » Elle brandit un sac marron rempli de maca en poudre. Je n'avais jamais entendu parler de ce truc, mais si ça marche ne serait-ce qu'à moitié, je vais essayer sur-le-champ !

Soudain, un visage surgit derrière la vitre. Ruth m'a trouvée ! Visiblement soulagée, elle lève le pouce vers Marty resté dans la voiture, avant de foncer vers moi pour un câlin gros comme ça, de ceux qui consoleraient un enfant qui cherche sa maman. Sa tension est encore palpable.

« J'imagine qu'Antonio t'a appelée ? »

« Ouiiiiii. » Et elle commence à rire.

« En panique ? »

« Oui ! Il a dit *Vous arrêtez tout et vous filez la chercher. Immédiatement.* »

« J'en étais sûre. Pauvre Antonio, ça n'est pas la première fois que je lui fais le coup. »

« Écoute, on est surtout heureux de voir que tout va bien. Parce que franchement, après avoir eu Antonio, on pensait que la situation était dramatique. »

« J'imagine bien. Mais comment lui reprocher ? C'est un pur Napolitain. Rester calme, ça n'est pas exactement son point fort. »

Karen nous quitte après une dernière tournée de bières, et nous déposons Pégase à l'arrière du véhicule de Ruth et Marty. Pendant que ce dernier conduit, Ruth sort une bouteille de whisky. Visiblement, elle est au parfum.

« Avant de parler, enfile-toi ça », dit-elle en m'en servant un verre.

« Seulement si tu m'accompagnes. »

« Et comment ! »

Nous descendons gentiment et le whisky, et la route de la montagne. Il y aurait tant à nous dire, nous raconter, mais le sentiment que nous avons tout le temps est plus fort, car en cet instant le temps s'est arrêté. Nous sommes à nouveau jeunes, et il est des choses qui jamais ne changent. Près de vingt ans ont passé depuis notre enfance ensemble en Thaïlande. À neuf ans, Ruth et moi avions été envoyées dans le même centre de formation à Samut Prakan, en périphérie de Bangkok, avec deux cents autres enfants. Marty aussi était là – un peu plus jeune – dans le groupe d'âge du dessous. Alors que la plupart des enfants voyaient leurs parents une fois par semaine, nous ne voyions jamais les nôtres. Comme mon père, les parents de Ruth travaillaient pour les responsables du culte. Comme moi, Ruth était estampillée rebelle.

Douchées et réchauffées, nous nous asseyons dans sa cuisine autour d'un bon dîner et d'une bouteille de vin.

« Je me souviens quand tu as été envoyée vivre avec ton père au Japon à l'âge de treize ans, et que tu es revenue de l'école là-bas un an plus tard », me dit Ruth.

La 21st Century International School de Tateyama était alors considérée comme l'un des centres les plus « progressistes ». Les élèves étaient même autorisés à s'habiller à la mode ou à se maquiller, et de nombreuses vidéos et supports pédagogiques de la secte y ont été créés.

Par conséquent, nos homologues d'Asie du Sud-Est nous considéraient comme souillés ou « mondains ». « J'étais tellement heureuse de te revoir... mais immédiatement les professeurs nous ont interdit de te parler, parce que tu n'étais plus "dans l'esprit". » En effet, j'étais désormais considérée comme agitatrice potentielle, risquant de semer des idées contestataires ou « une pensée trop ouverte » dans la tête de mes pairs. On décida donc de me châtier à titre préventif. Je fus punie et isolée sans jamais avoir commis un seul « crime ». Ma peine incluait toutes sortes de travaux forcés – transporter des pierres, creuser des fossés, balayer, nettoyer, cirer et briquer l'ensemble du bâtiment de 500 mètres.

Puis il y eut le silence forcé, l'interdiction de faire du sport, et les rapports écrits quotidiens détaillant tout de mes pensées, paroles et actes.

Mais cette histoire, nous en parlerons une autre fois. Peut-être même dans une autre vie. À évoquer ces souvenirs avec Ruth, on dirait deux ex-taulardes revenues de tout.

À la fin du repas, elle décide de nous concocter une douceur d'enfance que l'on appelait « porridge de riz » – mélange épais de lait en poudre et de riz cuit. Plus il y a de lait, meilleur c'est.

Cette mixture constituait notre collation quotidienne quand nous étions petites, deux fois par jour. Étrange mélange de sensations que ce moment gourmand : Ruth et moi réunies, mais désormais adultes, autour de la saveur d'un porridge de riz, revivant des souvenirs qui semblent, au mieux, fantastiques.

Ruth me parle de son combat pour réussir à se projeter dans la vie, et oser s'intégrer au monde « extérieur ».

Marty et elle s'étaient mariés alors qu'ils étaient encore dans la secte, et avaient décidé de la quitter la même année que moi. Ils étaient arrivés en Australie en plein hiver avec leurs trois enfants, trois cents dollars en poche, et des vêtements qu'ils imaginaient chauds.

Marty commença par faire la plonge dans un restaurant. N'ayant pas les moyens d'un ticket de bus, encore moins d'une voiture, il devait marcher plus de deux kilomètres pour aller travailler, idem au retour.

« Je pense qu'on a touché le fond la nuit où Marty s'est tordu la cheville sur le chemin du restaurant, se souvient Ruth. Ça n'a cessé d'empirer durant son service et, quand il a fini de travailler, il ne pouvait plus marcher. Pas d'argent pour un taxi, nous n'avions pas de téléphone, il ne pouvait même pas m'appeler. Il a même essayé de sauter, mais les vibrations ont aggravé la douleur, alors il a fini en rampant sur les mains et les genoux jusqu'à la maison. Aujourd'hui, on va bien. On a de l'argent pour se faire plaisir. Mais je pense que savoir ce que c'est que de se battre, de se construire à partir de rien et sans l'aide de personne, décuple les sens, la saveur de ces moments de réussite. »

Apparemment, on y revient toujours. J'y pense une fois de plus. Point d'accomplissement à réussir sans se battre.

16 septembre

Aujourd'hui, retour à Putty Road pour reprendre le fil de mes aventures : direction l'endroit exact où j'ai rencontré le sosie de Cher. Passionné de moto, Marty m'explique

que cette route est un spot très populaire ; lui-même l'a parcourue plusieurs fois de nuit. Toutes les cinq à dix minutes, des chapelets d'engins nous dépassent dans les virages. Sans nul doute, tous viennent profiter de la route aussi panoramique que déserte. Je peux comprendre l'attirance pour la moto, ce cocktail de sensations lorsque vous dévalez l'asphalte, libre comme l'air. Ne serait-ce que d'un point de vue touristique, cela surpasse aisément le fait de rester assis en voiture, collé à une vitre, isolé des sons, des odeurs et des éléments, comme observer le monde derrière un écran de télévision. À moto, il n'y a pas de barrière entre l'environnement et vous ; vous pouvez sentir le vent, les odeurs. Mais vous accélérez le film – bouton *avance rapide*. Impossible pour vous de faire attention aux détails.

À vélo, vous êtes *à l'intérieur* du film, et son acteur principal. Totalement connecté à votre environnement, vous observez et intégrez chaque sensation. Vous ressentez chaque frémissement d'une modification de terrain, la texture de la route, le sens du vent, chaque centimètre de montée ou de descente, la météo qui ne cesse d'évoluer. Vous sentez la fragrance de chaque fleur, le parfum de chaque plante, l'odeur de chaque charogne aplatie. Vous entendez chaque cri d'oiseau, chaque insecte, chaque animal. Vous embrassez le paysage, et le paysage vous embrasse. Vous faites désormais corps.

Si vous voulez vraiment éprouver le monde, partez à vélo.

17 septembre

À ce jour, l'Australie doit être le pays le plus cher que j'ai traversé. Un simple café coûte presque cinq dollars.

Dès lors, absorber les calories journalières recommandées pour deux hommes adultes devient un véritable gouffre financier. Le carburant le plus économique que j'ai trouvé reste la tourte au bœuf de la station-service, qui garantit une dose instantanée d'énergie et de protéines. Parfois complétées par un Mac'Oz[28] « pour faire descendre », ces tartes m'auront littéralement propulsée à travers le continent.

J'ai la chance d'avoir beaucoup d'amis en Australie. Ils m'auront hébergé tout au long de ma route, me permettant de limiter les frais. Une autre option de couchage bon marché reste le pub australien, proposant repas de base, nuitée… et punaises de lit. Chaque petite ville possède au moins un de ces « hôtels », généralement un bâtiment historique des années 1800 avec ses hauts plafonds, ses longs couloirs et ses parquets grinçants. En outre, beaucoup se vantent de disposer d'un fantôme attitré au sobriquet sympa – genre Nellie, ou Ned. Je me suis lancée dans un interrogatoire systématique auprès du personnel pour tout savoir de leurs apparitions.

Ce soir, à Tarcutta, il se trouve qu'on me loge à côté de la fameuse « chambre du fantôme » du pub ; la propriétaire m'en conte donc la savoureuse histoire : désespéré, un jeune homme s'est pendu dans la chambre 31 il y a une cinquantaine d'années. Depuis, la pièce fait l'objet de manifestations inexpliquées.

« Par exemple, se rappelle-t-elle, un jour, après avoir refait les chambres – dont la numéro 31 –, je les ai toutes verrouillées pour la nuit. À cette époque, l'hôtel était vide, car nous faisions notre nettoyage annuel de printemps. J'ai donc

28. *Mac Oz Burger* ou *Oz* : célèbre hamburger des restaurants McDonald's australiens.

été surprise lorsque le lendemain matin, j'ai trouvé la porte de la 31 entrouverte. Le lit était complètement défait, comme si quelqu'un y avait dormi. »

Mais ce n'était pas la première fois que la pièce avait semblé hantée. Elle poursuit : « À plusieurs reprises, nous avons même eu des clients qui se sont plaints du raffut de la 31, comme si quelqu'un déplaçait des meubles. Vous imaginez bien que nous n'y logeons jamais personne, donc cette chambre ne pouvait être occupée. »

Moi, je suis plutôt déçue de ne constater aucune activité paranormale. Avec treize heures de vélo dans les jambes, mon sommeil est de plomb – contrairement aux morts, dirait-on.

19 septembre

Collègue cycliste, Shaun attend sur la route de Melbourne pour m'accompagner et me guider à travers la métropole tentaculaire. Rouleur patenté, il a déjà pédalé à travers l'Europe et le Moyen-Orient. Nous nous sommes rencontrés *via* un groupe Facebook d'ultracyclistes il y a quelques mois et sommes depuis restés en contact. Je l'aperçois, assis sur un carré de pelouse, au bord de l'autoroute M31.

« Une barre de céréales ? De l'eau ? » m'offre-t-il en connaisseur alors que je le retrouve.

J'en engloutis deux avec gratitude et le préviens : « Je vais sûrement devoir m'arrêter bientôt pour quelque chose de plus consistant. »

Il est déjà quinze heures et j'ai pédalé près de 160 kilomètres sans une seule pause, car je désire profiter au maximum du fort vent arrière et boucler les 25 derniers jusqu'à Melbourne ; néanmoins la fatigue commence à me gagner. Nous avisons un Subway en bord de route et nous y arrêtons pour un déjeuner tardif. Je ne le sais pas encore, mais ma vie va bientôt changer : c'est ici que je découvre leur succulent brownie et que commence officiellement mon histoire d'amour avec le chocolat. Un seul brownie, c'est juste ridicule. Parfaitement insuffisant. À compter d'aujourd'hui, tout brownie devra être acheté et consommé en double.

Le soleil disparaît déjà au loin lorsque nous atteignons la périphérie de Melbourne. Shaun connaît toutes les plus belles routes pour éviter l'enfer de la circulation. Pédaler avec quelqu'un fait un bien fou. Le temps s'envolerait presque – du moins, les heures en selle sont moins assommantes – avec de la compagnie. Vincent, un autre ami, a proposé de m'héberger pour la nuit et m'attend déjà près de chez Shaun lorsque nous arrivons.

En plus d'être un excellent guide, Shaun est un peu mécanicien. Il m'enlève Pégase des mains pour peaufiner quelques réglages. « Je te fais ça pour la première heure demain », promet-il.

Le temps de convenir du rendez-vous, et Vincent me kidnappe pour un dîner bien carnivore – imparable pour émouvoir une cycliste affamée. Installés depuis peu en Australie avec sa petite amie taïwanaise, ils m'ont offert leur chambre d'amis. Mes vêtements sales twistent dans la machine à laver, et mes hôtes dégainent une bouteille de Johnnie Walker pour le dernier verre : je ne pouvais rêver mieux.

20 septembre

C'est un Pégase nettoyé, graissé et ajusté de près que je retrouve chez Shaun. Il brille comme s'il sortait d'usine, et je me sens aussi cajolée que lui – surtout après avoir dévoré un deuxième petit déjeuner de Weetabix dans la cuisine de Shaun.

La pluie débute alors que nous quittons la ville ; exactement ce qu'il nous fallait pour nous arrêter prendre un café et quelques autres brownies. Melbourne me rappelle Londres, surtout le long du front de mer, et encore plus sous cette bruine permanente et ces nuages gris. La pluie ne semblant pas s'atténuer, nous nous forçons à reprendre la route. Le soleil point au moment où nous nous arrachons à l'agglomération, en direction du sud-ouest vers Geelong ; mais avec lui apparaît un puissant vent de face. Je suis presque jalouse lorsque Shaun me dit « au revoir » et repart dans l'autre sens.

« Tu vas voler, pour rentrer chez toi », lui dis-je.

« Désolé de te laisser affronter ce vent contraire toute seule, confesse-t-il. Je crains que tu n'en rencontres encore beaucoup, vu ta direction. Reste forte. Et n'oublie pas, avec les brownies et la *ginger beer*, tout va mieux ! »

Aujourd'hui, je roule depuis deux mois. Six pays (et demi) et 1 235 kilomètres. Pégase comptabilise treize crevaisons, trois écrous de rayon cassés, deux dérailleurs et une lampe cassée, deux nouvelles paires de pneus et une nouvelle chaîne. Je me demande quel sera le décompte final.

Chapitre 7

QUAND LES CHOSES SE CORSENT, LES CORIACES SE RÉVÈLENT

22 septembre

Les vents contraires me martyrisent. On m'avait prévenue que je devrais m'y attendre le long de la côte, entre Melbourne et Adélaïde. Un nouvel écrou s'est brisé, et le magasin de vélos le plus proche que je trouve est le Crankhouse de Warrnambool.

Stewart est formel. « Vous ne pouvez pas pédaler à travers le Nullarbor avec ce type d'équipement », lâche le propriétaire en identifiant un second écrou qui présente du jeu et, ayant appris que j'envisageais de traverser ce désert réputé impitoyable : « Si un autre lâche, vous risquez carrément de casser les rayons, et il n'y a rien sur 2 000 kilomètres à la ronde. Là, vous serez vraiment coincée. » L'homme est d'ailleurs surpris que j'aie pu aller aussi loin sur une telle monture. Certes, c'est un beau vélo de course ; mais pour un tel voyage d'ultra-endurance, il aurait mieux fallu une machine robuste et moins sophistiquée.

Les mécaniciens remplacent tous les écrous carbone de la roue arrière par des éléments en acier, et Stewart ne me facture que les pièces au prix d'achat, main-d'œuvre offerte.

Lui-même est un fou d'aventure cyclo – petit et trapu, dont les jambes musclées laissent deviner la puissance. Avec son épouse Susan, ils offrent régulièrement leur aide aux cyclistes et aux voyageurs de passage, et m'invitent avec plaisir chez eux pour la nuit. Nous laissons Pégase entre les mains de son équipe et rentrons chez lui à proximité, où Stewart me confie aux soins de Susan ; maîtresse de maison imposante et énergique qui m'envoie vite à la douche, en expédiant mon linge infect dans la machine.

Leur fille aînée prépare un dîner époustouflant composé d'une salade au fromage de chèvre, patates douces rôties et côtelettes d'agneau – le genre de cuisine maison qui me manque depuis deux mois. La faim l'emporte sur les manières, j'avale jusqu'au dernier morceau et récure même les plats. Douche, vêtements propres et lit *king size* aux oreillers moelleux : chimie pure du bonheur.

23 septembre

Stewart se lève tôt pour me voir partir. « S'il t'arrive quoi que ce soit dans les prochains 150 kilomètres, appelle-nous et on viendra t'aider », m'assure-t-il en posant un sticker aux coordonnées de la boutique sur Pégase.

On ne cesse de m'avertir des risques que je cours à traverser l'Australie en tant que femme seule, mais, jusqu'à présent, je n'ai rencontré que gentillesse et générosité de la part d'inconnus. Et plus je vais vers le sud, plus ces qualités semblent s'affirmer.

De nombreux Australiens méridionaux descendent de migrants allemands, durs au mal et à la tâche, venus coloniser et cultiver la terre au XIXe siècle. Je rencontre l'une d'entre eux alors que je traverse Dartmoor à la recherche d'eau. Le seul magasin de cette ville aux airs immaculés est fermé, et la prochaine agglomération se trouve à plus de 55 kilomètres. Chargeant des cartons dans sa camionnette grise, une femme âgée en salopette me remarque qui essaie d'ouvrir la porte verrouillée du magasin. « Tu cherches quelque chose ? » me demande-t-elle. Un bandana bleu retient ses cheveux argentés, quelques mèches flottent autour des traits creusés de son visage.

« Euh… Ouais. Vous savez si ça va rouvrir ? »

« J'ai bien peur que non. Le propriétaire vient de partir pour la journée. C'est pas grand, ici, alors il n'ouvre pas tout le temps. Tu avais besoin de quoi ? »

« Quelque chose à boire. »

« J'ai une bouteille d'eau de pluie dans le van, si ça te va. »

« Ce serait super, merci. »

Elle me tend un jerrycan plastique de deux litres et je commence à boire.

« Alors, le goût ? Pas trop mal, hein ? Directement récupéré de mon toit. »

Je m'arrête, interloquée. « Votre toit ? »

Donc lorsqu'elle dit « eau de pluie », ça veut vraiment dire « eau de pluie ».

« Mmh. Rien de plus naturel que ça », acquiesce-t-elle.

« J'imagine, en effet. Mais ce n'est pas… euh… enfin… sale, non ? »

« *Sale ?* Que dalle. » Elle semble légèrement vexée. « Directement du ciel. Passe par un filtre. Je bois de l'eau de pluie depuis que je suis gamine. L'eau, ici, c'est précieux, tu sais. »

« Oh oui, je confirme. » Je l'ai appris sur la route. Boire de la bière coûte moins cher en Australie.

« Où vas-tu ? »

« Perth. »

Elle commence à rire. « Arrête, sans blague. T'es partie d'où ? »

« Brisbane. »

« *Seule ?* »

« Ouais. »

Soudainement sceptique, la vieille dame me toise de ses yeux bleu glacier, comme pour décider si je me paie bien sa tête. À son expression, elle pense clairement que je blague ou que je suis dingue, voire les deux en même temps.

« Tu viens d'où ? »

Pitié, encore cette question. Afin de gagner du temps, je choisis l'esquive. « Je suis d'origine allemande. »

Comme je l'avais deviné, elle tique à cette information. « Nos ancêtres étaient des agriculteurs allemands qui ont travaillé cette terre durant des générations. » Puis comme tout Allemand qui se respecte, elle entreprend un interrogatoire méthodique sur chaque aspect de mon voyage, jusqu'à mon itinéraire. « Tu veux aller à Mount Gambier aujourd'hui ? C'est à 55 kilomètres au moins, et il ne te reste qu'environ deux heures de jour, et beaucoup de vent. »

« Ne vous inquiétez pas, j'y arriverai. »

Elle secoue la tête, un léger rire compatissant. « Personne ne te l'a dit, chérie ? Tu vas dans le mauvais sens. »

Je grogne. Ma réponse en dit long.

« Bon, eh bien, je ne vais pas te retarder si tu veux atteindre la ville avant ce soir. Quoi que tu fasses, ne roule pas de nuit. Des gens disparaissent régulièrement dans l'outback[29]. »

Ce n'est pas la première Australienne à s'inquiéter de ma sécurité. Partout où je vais, on me raconte toutes sortes d'horreurs à propos de touristes évaporés ou massacrés par des fêlés du bush. « Tu n'as jamais vu *Wolf Creek* ? » me demandent-ils tous. Ce film constitue la parfaite référence populaire pour effrayer tout voyageur prudent qui souhaiterait s'aventurer dans l'outback australien, aussi sauvage qu'isolé. Fondé sur des faits réels, celui-ci relate l'histoire de deux routards torturés et assassinés il y a quelques années. Pour ma part, aucune envie de le visionner, ni maintenant ni jamais. Imaginez regarder un film sur le 11 septembre en plein vol.

« Bonne chance à toi, chérie », me lance-t-elle en montant dans sa camionnette.

Je salue d'un geste et prends la direction de Mount Gambier tandis qu'elle s'éloigne vers l'autre. Quelle n'est pas ma surprise lorsque, quelques minutes plus tard, j'aperçois la même camionnette grise au bord de la route. La femme se tient à côté, me faisant signe de stopper. Mais comment diable est-elle arrivée ici sans me doubler ?

« Je voulais juste te demander : quelle route prends-tu pour Adélaïde ? » demande-t-elle lorsque j'arrive à sa hauteur.

« Ben, je pensais suivre la côte. On m'a dit que le paysage valait le coup. »

« Oh *nooon*, ma chérie, moi je n'irais pas par là. C'est vraiment désert et tu es seule tout le temps. Je te conseille plutôt

29. Arrière-pays australien, majoritairement aride et inhabité.

d'aller vers l'intérieur des terres, là où il y a plus de villes et plus de circulation sur les routes. »

Une résidente, et qui connaît visiblement très bien le coin : ça sent le bon conseil. Je replanifie mon itinéraire en conséquence.

24 septembre

Et plus je me rapproche d'Adélaïde, plus le vent de face se durcit. Jusqu'à aujourd'hui, jamais je n'avais connu cela. Je me retrouve à hurler contre lui, ma frustration grimpant à mesure que la journée avance.

Au bout du compte, et peut-être inévitablement, arrive le moment où je me heurte à ce que les marathoniens appellent « le mur ». J'ai beau forcer jusqu'aux limites de mes muscles, le vélo ne bouge tout simplement pas. Une nouvelle rafale me gifle, puis des nappes de pluie glacée. L'eau alourdit mes chaussures et gargouille entre mes orteils à chaque coup de pédale. En huit heures, je n'ai couvert que 95 pauvres kilomètres.

Une Jeep double en rugissant et pulvérise un cumulus de boue. Je marmonne quelques jolis noms d'oiseaux, essuie mon visage maculé, et range mes lunettes. Au point où l'on en est, inutile. J'imagine ses occupants, vitres fermées, chauffage et radio compris, indifférents aux éléments qui tabassent. Je donnerais ma dernière barre chocolat-beurre de cacahuète pour être dans cette voiture. Là, tout de suite. J'ai tellement froid que je ne peux plus penser à autre chose. Mon corps tremble ; mes mains et mes pieds sont pétrifiés. Bienvenue en plein supplice, la partie du cyclisme dont personne ne parle. Durant ces heures de torture, ni apaisement ni consolation.

C'est dans ces moments que je me demande *pourquoi*. Pourquoi le tour du monde à vélo ? Pourquoi est-ce que j'inflige cela à mes jambes, droite, gauche, droite, gauche, dix à douze heures chaque jour ? La douleur, la souffrance et le combat vous en apprennent énormément sur vous-même ; qui vous êtes, ce que vous pouvez accomplir dans des conditions extrêmes. *Agis par l'esprit*. J'essaie de m'abstraire de cet environnement physique, et de m'extraire de l'inconfort immédiat. Je compose une série de moments imaginaires parfaits. Un coucher de soleil époustouflant. La cime d'une montagne. Un verre de rhum épicé. Les yeux d'Hendri. Son baiser. Physique, mentale, lorsque l'agonie devient totale, ces pépites brillent comme des phares au milieu d'une mer déchaînée, sans doute exacerbés par le contraste.

Est-ce que j'endure le pire uniquement pour apprécier encore plus ces instants parfaits, densifier leur charge de plaisir extrême ? Peut-être est-ce la clef. Plus l'adversité nous écrase, plus nous savourons les rares et brèves périodes de bonheur pur et d'abandon. Ces moments où tout – le goût, la sensibilité, la vue, l'odorat, le toucher – est si exacerbé. Décuplé. Je pense que seuls les êtres qui savent ce qu'est la souffrance profonde peuvent réellement apprécier son contraire.

À cet instant, je comprends qu'il n'y a pas d'autre endroit où je préférerais être. Grâce à cette faim lancinante que chaque kilomètre accroît, ma prochaine bouchée sera la plus délicieuse au monde. Le froid et l'humide feront du chaud et du sec un plaisir supérieur à tout. L'épuisement qui me gagne transformera mon sommeil en un repos profond et sans rêves, et je me réveillerai régénérée, prête à affronter une autre journée à la destination inconnue, aux images nouvelles, emplie de possibilités infinies et de moments encore plus parfaits.

25 septembre

Le soleil se couche lorsqu'à environ quinze kilomètres de Coomandook, j'entends une explosion pareille à une petite bombe et sens le raclement désormais familier d'une jante métallique sur le goudron. Stoppant pour inspecter les dégâts, je découvre un trou déchiqueté de la taille de mon pouce dans le pneu arrière. Qu'est-ce qui peut bien faire exploser un pneu ? Ni pierre ou verre sur la route qui causerait une déchirure aussi gigantesque ; je suppose donc que l'usure de mes pneus y est pour quelque chose. Pour l'heure, je suis au milieu de nulle part, sans pièces de rechange. Je sais qu'elles m'attendent à Coomandook, mais il me faut juste trouver un moyen d'y arriver – de préférence avant la nuit. Je lève le pouce.

Un pick-up avec deux gros bergers allemands à l'arrière s'arrête, son conducteur sort. Grand et maigre, l'homme porte une chemise à carreaux, un jean et un chapeau de cow-boy. En général, mes premières impressions sur les gens sont assez fiables. J'ai appris à faire confiance à mon intuition et, jusqu'à présent, elle a été réglo.

Ce type a des lèvres fortes, le regard franc et un visage honnête.

« Quel est le problème ? » demande-t-il.

« Mon pneu vient d'exploser, et je dois me rendre dans la ville la plus proche pour réparer. »

« D'accord, mais déjà, ne restons pas ici. C'est dangereux pour une fille seule comme vous de faire du stop. Je suis en retard pour la fête d'anniversaire de mon fils, mais je peux vous déposer à la station, juste un peu plus loin. Je suis sûr qu'ils peuvent vous filer un coup de main. »

« Ce serait génial. Merci. »

Il charge Pégase à l'arrière avec les chiens, et je grimpe dans l'habitacle. Quelques kilomètres plus loin, nous tombons sur ladite station et son petit magasin. Vélo descendu et posé contre le mur, le patron est dehors à décharger des marchandises d'un camion. « Salut, Mike. Dis, j'ai trouvé cette dame en difficulté au bord de la route. Tu penses que tu pourrais l'aider à se faire emmener à Coomandook ? »

« Pas de problème si elle peut attendre dix minutes », répond Mike.

« Oui, bien sûr. Merci. »

Mon samaritain repart en trombe, mais pas avant d'avoir répété son avertissement – *pas d'auto-stop seule*.

Dix minutes plus tard, Mike revient me trouver. « Allez, je vais vous y conduire moi-même. Je ne vous laisse pas dans un véhicule avec un inconnu. Par ici, on veille les uns sur les autres. »

Il rembarque Pégase sur la banquette de sa jeep cabossée, tandis que je rejoins son fils à l'avant. Après une demi-heure de route, Coomandook apparaît et, une fois de plus, je ne peux m'empêcher d'y songer : oui, malgré toutes les alertes que j'ai reçues quant aux dangers de voyager seule dans l'outback, je n'ai encore rencontré qu'une gentillesse et une générosité exceptionnelles en Australie.

Mais une heure après que Mike m'a déposé au pub local, une surprise de taille m'attend. Antonio a pris l'avion pour Perth. Depuis quelques jours, il a déjà parcouru la moitié du pays pour me retrouver ici et réaliser des vidéos du parcours. Le revoir est à la fois merveilleux et étrange. L'impression que des années ont passé, et non quelques mois, depuis notre dernier moment ensemble.

« T'as l'air fatiguée », dit-il, me jaugeant en un éclair, « mais pas aussi décharnée que sur les photos d'Amérique. »

« Ça doit être les tourtes. »

Bien sûr, Antonio a entendu toutes les histoires horribles sur la pampa nationale. Il insiste donc pour m'accompagner à travers la plaine du Nullarbor, une traversée de 1 125 kilomètres de désert sans rien d'autre qu'une poignée d'avant-postes sporadiques.

« Tu ne me verras pas beaucoup, mais je resterai dans un rayon de 80 kilomètres, juste au cas où il se passerait quelque chose », assure-t-il.

J'ai beau aimer ma solitude, savoir la présence de quelqu'un à proximité me réconforte pour cette partie de l'aventure.

26 septembre

Nouvelle chambre à air et nouveau pneu ce matin, Antonio me dépose donc à l'endroit où j'ai cassé hier. « Appelle-moi si tu as besoin de quoi que ce soit ! » crie-t-il avant de faire signe en filant. Rendez-vous ce soir à Adélaïde, où un autre ancien ami de Facebook, Angel, a proposé de m'héberger pour la nuit. L'objectif du jour est annoncé.

du 27 au 30 septembre

La civilisation disparaît peu à peu après Adélaïde, mais le Nullarbor commence vraiment par un panneau planté près d'un garage poussiéreux en bordure de route : LAST SHOP FOR 1 000 km. Je décide que faire le plein d'eau et de nourriture est une sage idée. Mon but est d'exploiter l'axe le plus plat pour accumuler les kilomètres, *via* la désertique Eyre Highway et en visant une moyenne de 240 par jour. Je veux en finir le plus vite possible.

Premier Européen à avoir traversé le Nullarbor en 1841 et qui donnera son nom à la route, Edward John Eyre décrivait cette terre comme « une anomalie hideuse, une tache sur le visage de la Nature, le genre d'endroit que l'on visite seulement dans un mauvais rêve ». Cette plaine désertique se vante d'afficher la route rectiligne la plus longue du monde, creusant un sillon qu'on dirait infini au milieu d'un univers d'arbustes moins hauts que le genou, plus monotones que tout. Cent quarante-cinq kilomètres durant, pas un seul arbre pour briser le paysage, l'impression d'avancer sur un tapis roulant. Et pourtant à quelques encablures de la route, la Grande Baie australienne offre un spectacle inoubliable, avec ses falaises abruptes plongeant dans les eaux turquoise de l'océan Indien.

Une profonde fraternité unit les rares voyageurs que l'on croise sur la route de Nullarbor. Il n'est pas un automobiliste qui ne me salue ou me klaxonne. Un type me poursuit même pour me demander ce que je fais, puis me tend cinquante dollars pour manger. Quelques heures plus tard, à l'un des rarissimes avant-postes, je tombe sur un groupe de retraités aux maillots jaunes et verts coordonnés en train de boire des bières. Copains de longue date, les Fawkin 'Hawkins – comme ils se nomment – forment une troupe haute en couleur qui se lance chaque année dans un road trip différent en Australie. Et chaque année, la bande conçoit un nouveau maillot pour marquer le coup. Malgré toutes leurs vannes de base, grossières ou brutes de décoffrage, cette fine équipe s'avère angélique. Je reçois même un collector jaune et vert dédicacé, ainsi qu'une obole de soixante-dix dollars.

Moments d'humanité pure, ce type de rencontre improbable constitue les seuls instants légers dans un océan de monotonie façon ligne droite. Point de fuite, focale fixe et vide panoramique, même les apparitions d'animaux sont rares. Animaux vivants, s'entend. Car, côté morts, je suis servie. Triste signe particulier, la route de Nullarbor affiche un taux effrayant de faune écrasée. La plupart des animaux s'y aventurent de nuit et sont percutés par les « trains routiers[30] » géants circulant vingt-quatre heures sur vingt-quatre. Chaque matin révèle son nouveau champ de bataille, jonché de cadavres encore frais de kangourous, dingos, lézards, voire d'un chameau sauvage. Seule une pie aplatie m'arrache un sourire sadique : « Alors, on a essayé le camion, aussi ? » Le sang séché constelle le goudron comme une rouille morbide, perpétuellement rafraîchie. L'odeur de tripes pourries que le soleil mijote est une abomination.

30. « Road train » : transport routier répandu en Australie, composé d'un camion tracteur muni d'une succession de remorques.

Mes longues heures de route s'organisent autour de deux priorités ; esquiver les carcasses en arrêtant de respirer, fuir les taons mutants, aussi gros que des abeilles, qui se régalent des macchabées.

Car au poste de bourreaux, il y a du changement. Les taons remplacent désormais les pies kamikazes, à une différence près. Le sang. Contrairement aux oiseaux, ces insectes prospectent l'hémoglobine et m'identifient vite comme le meilleur gisement à des kilomètres. Aussi collants qu'un troupeau de buffles suivant un cours d'eau, même les vents contraires n'y font rien. L'aspiration du vélo leur aménage un accès tranquille à mon postérieur, sur lequel ces derniers se posent brutalement pour y mordre comme mille paires de ciseaux. Réaction naturelle de l'agressée ? Gifler l'agresseur et produire un spectacle baroque : une cycliste désespérée qui pédale à bride abattue, tout en se claquant le derrière d'une main – « *Hue, Juliana* ». J'y pense subitement, toute cette vague d'amitié klaxonnante…

2 octobre

Je découvre avec surprise une « frontière » entre l'est et l'ouest de l'Australie et me demande pourquoi le gouvernement l'estime nécessaire. La fonctionnaire qui contrôle mes bagages est aussi carrée que masculine. Elle renifle rapidement le sac d'oranges que j'ai acheté en pénétrant dans le Nullarbor, devinant que des fruits ou des légumes abordables y deviendraient rarissimes.

Sage précaution. Le moindre fruit que j'ai aperçu dans les aires de repos coûtait le prix d'un repas complet à Naples ;

je me suis donc limitée à une seule de mes inestimables oranges par jour, un délice. Le long de l'autoroute, les stations-service proposant de la nourriture n'apparaissent que tous les 200 kilomètres environ, de sorte qu'elles ne se privent pas de tarifer comme bon leur semble. J'ai envie de pleurer chaque fois que je dois abandonner dix dollars pour une bouteille d'eau.

« Vous ne pouvez pas apporter de produits frais de l'autre côté de la frontière », m'informe sèchement la cerbère en raflant mes cinq dernières oranges, pour les jeter sur son bureau par la fenêtre de la guérite. Je sais très bien que mes précieux fruits sont déjà réservés pour son déjeuner.

« Attendre ! Attendre quoi ? Pourquoi ? »

Mes questions l'agacent manifestement. « C'est la loi », aboie-t-elle impatiemment.

« Je ne savais même pas qu'il y *avait* une *frontière*, et encore moins que je n'avais pas le droit d'y faire passer des fruits. Je suis vraiment navrée. Mais pour information, pourriez-vous me dire pourquoi ? »

« Vous n'avez pas besoin de savoir pourquoi. C'est la loi. En plus, ils peuvent transporter des germes et des bactéries étrangers », explique-t-elle.

« Ah, je vois. » Pas le genre de femme à laquelle on aimerait se frotter, mais pourtant… « Je peux récupérer mes oranges, s'il vous plaît ? »

« Mais je *viens* de vous le dire ! Vous ne pouvez pas les emporter de l'autre côté », coupe-t-elle, exaspérée par mon impertinence.

« J'ai bien compris. Je vais les manger maintenant. *Avant de traverser.* »

Clairement, elle n'avait pas imaginé cela et marque une pause, interdite. Aucune loi contraire à ma proposition. Les oranges de l'est peuvent encore être consommées à l'est. Elle récupère mon sac en grognant et me le tend à contrecœur. Je m'éloigne de quelques mètres, puis épluche et mange scrupuleusement jusqu'à la dernière orange bien à sa vue. Appliquée et méthodique. C'est avec le ventre tendu et un large sourire que je passe à l'ouest.

Cycliste : 1, fonctionnaire : 0.

5 octobre

Aujourd'hui, j'émerge du Nullarbor pour retrouver la semi-civilisation, là où survit une trace d'activité téléphonique et où la nourriture redevient simplement hors de prix, par opposition au vol pratiqué sur l'autoroute.

La première chose que je fais en arrivant dans la petite ville de Norseman est d'entrer dans un café pour tout commander en double : gâteau au chocolat, muffins crème-confiture, tarte et café. Vraiment sérieuse, cette cycliste ? La caissière y croit difficilement et me tend une assiette à la fois, au cas où je ne pourrais pas tout finir. Je passe mon repas à sourire, enfournant bruyamment des platées indécentes, dignes d'une sauvage qu'on aurait retrouvée après des années de jungle.

En pénétrant dans Salmon Gums, je franchis le cap des 14 500 kilomètres parcourus : la moitié d'un tour du monde ! J'ai fermé la porte de l'appartement il y a 75 jours, dont 72 à vélo. Si je fais le point, je suis encore en assez bonne forme, sans maladie grave ni courbatures ou douleurs sérieuses.

Aux amis qui me demandent comment je gère toutes ces heures interminables en selle, je réponds que « je suis devenue agréablement insensible[31] ». Pour la première fois, je commence à y croire ; atteindre Naples devient possible. Il n'existe qu'une seule façon de fêter la mi-parcours : deux brownies et une bière bien fraîche. Perth et mon vol pour Singapour ne sont plus qu'à quelques jours. Et, vu mes finances désastreuses, l'Asie n'arrivera jamais trop tôt.

9 octobre

Kylie, autre ex-enfant, vit à Perth avec son compagnon, où ils tiennent plusieurs restaurants. Avec une rare générosité, ils m'ont réservé une chambre au *Margaret River Resort*, ainsi qu'un dîner au restaurant *Maharaja* qui le jouxte. Après dix jours de désert, le lit de l'hôtel frôle le divin. Antonio et moi partageons la chambre et un repas pantagruélique, arrosé d'une bouteille de vin en l'honneur d'un nouveau continent traversé. Il me filme dans le but de poster une vidéo, pour remercier tous les amis et supporters qui m'ont soutenue jusqu'à ce jour.

« Je suis navré de devoir repartir si tôt », s'excuse-t-il. Si je décolle bientôt pour Singapour, lui prévoit de rester quelques jours de plus à Perth. « Cela aurait été super de te suivre à travers l'Asie du Sud-Est. Je n'y suis jamais allé. »

Or, l'Asie du Sud-Est est la partie du voyage que j'attends le plus impatiemment. Je suis curieuse de mes sensations lorsque je retrouverai ces pays dans lesquels j'ai passé mon enfance.

31. *Comfortably Numb*, célèbre chanson des Pink Floyd.

10 octobre

Je pédale jusque dans l'aéroport de Perth, où je demande au fonctionnaire de signer mon journal de bord en indiquant la date et l'heure, puis me dirige vers chez Kylie pour y passer la nuit. Quelle n'est pas ma surprise en découvrant l'incroyable variété de plats et de boissons qu'elle a concoctés pour nous accueillir avec Antonio. Cette façon dont les gens se sont unis à mon parcours, l'ont soutenu de tout leur cœur en m'aidant autant qu'ils le pouvaient, voilà ce qui m'a fait tenir. Ce sont les dons d'argent – aussi modestes fussent-ils –, les cadeaux d'un lit ou d'un repas en cours de route, toutes ces mains tendues qui m'ont permis d'arriver jusqu'ici. Peut-être qu'en chacun de nous perdure une flamme d'aventurier. Tout le monde ne se risquerait pas à plaquer son quotidien pour aller courir le monde, pourtant des gens comme Kylie auront fait tout leur possible pour que, moi, je le puisse.

Chapitre 8

ENFIN L'ASIE !

12 octobre

Il fait encore nuit lorsque j'atterris à l'aéroport de Changi, Singapour. Deux petits déjeuners-cafés plus tard, je réassemble Pégase et le pousse hors du hall climatisé. À l'extérieur, l'air est si chaud et humide que l'on peine à respirer. Même sans bouger, la sueur devient un rideau de gouttes qui me coulent dans le cou et le dos. Mieux vaut pédaler, car le vent – même chaud – soulage quelque peu. Je rejoins l'autoroute alors que le ciel commence à s'illuminer des premières teintes violettes.

Traverser Singapour prend à peu près autant de temps qu'une grande ville ; quelques heures, au plus. En réalité, le pays entier se résume à une métropole unique et étendue. Les routes ne sont pas seulement propres : elles sont parfaites. Vierges. J'emprunte l'autoroute qui azimute plein nord jusqu'à la frontière pour éviter de croiser le centre-ville, où je suis certaine de me perdre et de sombrer dans le trafic. Et à cette heure matinale, il n'y a encore aucun véhicule à mes côtés.

Lorsque le soleil est levé, j'ai déjà couvert le pays sur toute sa longueur et passé la frontière avec la Malaisie. Ici tout semble plus pauvre, clairement musulman. Poussière et nids-de-poule parsèment les routes, des bâtiments déjà miteux tombent en ruine. Les femmes déambulent couvertes des pieds à la tête, et mon malaise s'accroît tandis que je pédale bras nus et en cuissard moulant. Sensation de ne pas être à ma place.

Les tenues cyclistes sont-elles tolérées ? Aucune idée, mais une fille potelée me l'apprend bien vite derrière son comptoir 7-Eleven[32]. Yeux exorbités au milieu d'un visage boursouflé, bouche ouverte en « O » majuscule, elle me désigne d'un doigt grassouillet. Allez savoir si cette réaction d'horreur s'adresse à moi, à Pégase ou à notre couple, mais je préfère tout envisager. Dont acte : dans le doute, je m'exfiltre du magasin et emporte vélo, sacs et tous effets potentiellement impies vers les toilettes extérieures.

Les W.-C. « à la turque » me feront toujours sourire. Ayant grandi en Asie du Sud-Est, jamais je ne me suis assise sur des toilettes « à siège » avant l'âge de quatorze ans. Aujourd'hui encore, je préfère toujours m'accroupir ; peu dépaysant, car j'ai dû utiliser plus de buissons que de toilettes depuis mon départ. En refermant la porte, j'enfile un corsaire noir par-dessus mon short.

Mais cette chaleur ! Insupportable. Engluée dans mes vêtements trempés, ma peau n'est qu'un frottement permanent qui dégénère rapidement en éruption cutanée, chose que je n'avais plus connue depuis ma petite enfance. Je me souviens qu'avant d'aller au lit lorsque j'étais bambine, ma mère me badigeonnait d'une lotion rose à la calamine afin d'apaiser les démangeaisons rougeâtres qui me recouvraient le corps.

32. Chaîne de commerces de proximité fortement implantée en Asie et en Amérique du Nord.

Le flash-back est total, je replonge en enfance. Décidément, même dans l'inconfort, j'ai bien l'impression d'être chez moi dans ce décor tropical. Tant de souvenirs affluent portés par les images, les odeurs. Réminiscences, instantanés sensuels. Voyages en train entre Thaïlande et Malaisie. Grimper sur les tamariniers pour en cueillir les gousses, ouvrir les fines coques brunes et pétrir la chair aigre-douce des graines noires. Jardins de bananiers, manguiers et jacquiers, fleurs d'hibiscus rouges géantes, bougainvilliers roses. Chèvrefeuilles que j'adorais éplucher un par un, pour aspirer le doux nectar des fragiles tiges.

Au premier stand de noix de coco que je croise, je m'arrête boire un verre. La petite échoppe utilise une presse à canne à sucre pour en extraire des seaux entiers de liquide vert clair et sucré.

« Vous faire vélo, ça très bon, très frais », me dit la mère de la petite entreprise familiale, en me tendant un sac plastique transparent rempli de jus de canne glacé.

Mieux qu'un régal, le breuvage est une providence par cette chaleur, et je me sens instantanément revigorée. Je pourrais en boire deux, s'il n'était les tracas et le temps perdu à m'arrêter aux toilettes publiques chaque fois que je dois me soulager. Messieurs les cyclistes, vous possédez un net avantage sur le sujet. Chacune de mes pauses dure dix minutes au lieu de deux. Tout réside donc en un subtil équilibre entre boire assez pour éviter la déshydratation, mais pas trop pour ne pas passer ma vie aux W.-C.

Mais par cette chaleur, je préfère pencher vers le péché de boisson. Un jour, un cycliste m'a affirmé que l'être humain pouvait pédaler vingt pour cent plus longtemps en gardant sa vessie à moitié pleine. Pas sûre de la véracité scientifique, mais ça aide à devoir se retenir plus longtemps. Au moins.

En Malaisie, je n'ai toujours pas croisé un seul vélo. Étrangère, solo, et en selle : je suis une anomalie, donc une curiosité. Les gens s'approchent très poliment avec leurs téléphones portables pour prendre des selfies avec moi chaque fois que je m'arrête. J'ai pris l'habitude d'être dévisagée ; je me contente juste d'ignorer tout autre spécimen humain – à moins qu'il ne me parle.

Peut-être ai-je passé trop de temps seule dans ma tête, mais il devient de plus en plus difficile de s'engager dans autre chose que la plus basique des interactions humaines. De l'aube à l'aube, sans autre compagnie que mes propres pensées, je suis aussi solitaire qu'il est donné de l'être – à moins de vivre en ermite.

Les longues périodes de silence continuent de m'apprendre énormément sur moi-même. Sans le confort et la sécurité habituels d'un environnement familier, car désormais réduit au strict nécessaire, sans personne ni rien sur qui compter à part moi-même, je me sens changer. D'une manière générale, je suis moins encline à faire des compromis, et je me pardonne moins ma faiblesse. Pas le temps pour les banalités quotidiennes que j'estimais autrefois si importantes, du type soins de beauté, bien paraître, potins et commérages, ou se soucier de ce que les autres pensent de moi. Mon incapacité à bavarder augmente également sévèrement. Après des heures de silence sur la route, quand j'ouvre enfin la bouche pour parler, je remarque maintenant la quantité d'absurdités qui peut en sortir. À quel point le fond reste une denrée rare. Tout le monde *parle*, mais personne ne *dit* réellement quelque chose.

« J'écoute les gens parler, et je n'enclenche pas. Comme étranger », m'avait confié un jour Hendri. Il avait séjourné si longtemps au cœur de l'Afrique la plus isolée que revenir à la civilisation était une lutte. « J'essayais de parler davantage et j'étais surpris par le tas de conneries qui peuvent sortir de ma bouche. [...] Me fait penser que je ferais mieux de me taire. [...] Si rare de réussir à s'exprimer en paroles. »

Parfois, les mots sont inappropriés. Le langage s'annihile pour décrire un moment particulier, comme atteindre le sommet de cette montagne légendaire et vous sentir complètement vivant : lorsque le monde d'en bas paraît si petit, lorsque la réalité semble ne plus tenir qu'à un fil si ténu, lorsque vous ressentez l'existence et le champ des possibles comme illimités. Ces moments ne s'expliquent pas. Ils ne peuvent que se vivre. C'est au cœur de ces instants parfaits que je me sens la plus heureuse, profondément en paix. Mais ils forment également ma plus grande solitude. Étrange de me sentir aussi seule, aussi heureuse.

13 octobre

La plupart des routes malaisiennes sont dépourvues de bas-côtés, pleines de poussière, de détritus, d'automobilistes, d'animaux et de piétons. Des camions gigantesques me frôlent tellement que leur souffle m'expédie presque dans le fossé. J'ai donc décidé de remonter l'autoroute E2, qui relie la frontière de Singapour à Kuala Lumpur, car elle possède un large accotement et son revêtement est parfait. Mais s'il s'agit du moyen le plus efficace pour aller d'un point A à un point B, c'est aussi le plus illégal.

Après plusieurs heures et beaucoup de kilomètres rapidement avalés, un camion jaune de la patrouille routière me dépasse, avant de me bloquer le chemin. Deux policiers en sortent.

« Qu'est-ce que vous faire ? » demande le plus dodu.

« Je vais à Kuala Lumpur. »

« Non, non ! Vous pas vélo sur cette route. C'est autoroute. »

« Mon GPS m'a dit de prendre cette route. »

« Non, cette route pas bonne. Vous pas pouvoir vélo cette route. »

« Ah… C'est l'autoroute ? » Je persiste. En cas de pépin, feindre l'ignorance.

« Oui, oui ! »

« Oh, alors, comment puis-je me rendre à Kuala Lumpur ? »

« Vous devoir sortir. Sortie devant. Vous prendre route locale. »

« D'accord. Mais je ne sais pas où est la route locale. »

« Vous venez. Suivre nous. »

Leur véhicule me guide hors de l'autoroute, et me reconduit sur l'ancienne voie défoncée sur laquelle j'ai débuté ce matin. Enfoirés.

Le camion s'arrête au carrefour et ils en descendent. « Ça, la route. Vous suivre cette route. »

« OK, merci. »

« Vous prendre photo maintenant, s'il vous plaît. » L'un des deux sort son téléphone, et chacun des flics pose tour à tour avec l'étrangère tarée à vélo. « OK, photos très bien. Vous suivre cette route maintenant. OK ? Au revoir. »

OK, au revoir, et mon salut de la main les observe s'éloigner. Au moment où leur véhicule disparaît, je pédale jusqu'à l'entrée d'autoroute suivante et récidive. Si je disposais d'un moyen moins risqué pour rejoindre Kuala Lumpur, sûr que je l'utiliserais. Mais là, au moins, j'avance à pleine allure – même si je suis régulièrement interrompue par une nouvelle patrouille qui m'escorte hors de la route. Le mode opératoire est réglé : feindre l'ignorance, me confondre en excuses, poser pour des selfies, puis retourner rapidement sur l'autoroute. Et recommencer.

J'atteins enfin Kuala Lumpur tard en soirée. Naviguer dans cette ville : cauchemar d'irrationalité. La nuit la grime en fête foraine, pulsant d'enseignes clignotantes et de néons colorés. Toutes les rues paraissent identiques, le système de sens unique est incompréhensible et, après m'être perdue et avoir fait demi-tour à plusieurs reprises, je finis par héler un taxi pour trouver mon chemin. Une vieille amie de Kampala habite désormais ici et m'a gentiment proposé un lit pour la nuit. En lisant l'adresse, le chauffeur hoche la tête et me fait signe de le suivre. Nous sommes à deux pas de chez elle, je tournais autour depuis des heures. La clef de l'appartement de Kirsten m'attend, comme convenu, cachée sous un pot géant dans le hall du bâtiment.

Kirsten est l'une de mes amies les plus anciennes et les plus proches. Je la considère même davantage comme une sœur aînée. Elle m'a aidé à m'installer et à trouver ma voie alors que j'apprenais à naviguer dans le monde « extérieur ». J'avais vingt-trois ans et vivais en Ouganda lorsque j'ai décidé de quitter la secte. Pas vraiment le pays le plus simple pour un nouveau départ. La plupart des étrangers y travaillaient pour des ONG, banques et multinationales, ou avaient fondé leur propre entreprise. N'ayant bénéficié d'aucune véritable scolarité, je ne disposais ni d'éducation formelle ni de compétences. Alors Kirsten m'aida à rédiger un CV et à postuler pour mon premier vrai job comme gérante d'un grand night-club à Kampala. Chaque fois que j'avais besoin d'aide ou de conseils, elle était là. Kirsten aussi fait partie de ces êtres que j'appelle *ma famille*, même si cela fait des années que je ne l'ai pas vue.

Elle est absente lorsque j'arrive, mais un sac de plats à emporter pend à la poignée, accompagné d'un mot à mon attention. Kirsten tout craché. Pense toujours à tout. Sa douche est immense, et la variété de shampoings et de savons digne d'un palace après des jours de toilette à l'eau. Certes, je me rabats parfois sur de la savonnette à motels, mais mes cheveux tiennent de la paille – odeur incluse. Prévoyant que l'hygiène et la coquetterie rétrograderaient sévère dans l'ordre de mes priorités ces prochains mois, je les ai taillés court avant le départ. Corps récuré et ventre plein, je m'effondre sur le lit *king size* et sombre dans un sommeil profond.

14 octobre

Kirsten a dû rentrer dans la nuit, mais je n'ai absolument rien entendu. Lorsque j'émerge, la matinée est déjà largement entamée et je ne lève le camp qu'à midi. Découragée par le temps qu'il faut désormais rattraper, je peine à m'arracher pour reprendre la route.

La périphérie de Kuala Lumpur apparaît en début d'après-midi ; les nuages explosent alors brutalement en averse torrentielle. J'avance tout de même jusqu'à ce que Zeus s'en mêle. Des éclairs apocalyptiques se mettent à fendre le ciel et s'abattent à quelques mètres. Finir foudroyée, avouons-le, ce serait un peu ballot. Style personnel et élaboré, d'accord ; mais je serais vexée que les gens marmonnent au-dessus de mes cendres : « Il n'y avait qu'une abrutie pour faire du vélo sous l'orage. » Je rejoins donc un groupe de motards sous un viaduc pour patienter.

Une fois que le pire semble passé, je reprends la route en espérant traverser la frontière thaïlandaise et gagner Hat Yai avant la nuit. Hors de question de lambiner. Si je devais m'arrêter chaque fois qu'il pleut, je reculerais presque. La saison de la mousson touche à sa fin, mais la pluie fait encore rage quasiment chaque après-midi. Afin de protéger mes affaires, j'enveloppe la sacoche de selle dans un sac plastique, plutôt efficace. Mais entre la pluie et la transpiration permanente, mes vêtements évoluent en milieu aquatique. Pas un instant de répit, serpillières perpétuelles. Au final, cela ne me dérange plus de vivre trempée, car, au moins, mon corps ne surchauffe pas.

J'ai passé près de quatre années importantes en Thaïlande – de neuf à douze ans, puis brièvement à quatorze ans. Un peu de moi considère encore ce pays comme sa patrie. Tant d'endroits du monde se sont succédé comme des « chez moi » temporaires qu'au fil du temps chacun d'entre eux tient un rôle dans ma construction personnelle, mon histoire, et dans les facettes de mon identité. Il est des jours où je me sens n'appartenir à *nulle part*, telle une extraterrestre. Il en est d'autres où mon cœur résonne *partout*, comme aujourd'hui. J'imagine que l'on pourrait me décrire comme une enfant du monde, au sens pur. Aujourd'hui, je rentre à la maison.

L'une d'entre elles. J'attends tellement de tout avec impatience ; la nourriture, les gens, les plages sublimes, la culture… mais pour être totalement honnête, disons surtout la nourriture.

Je traverse la frontière thaïe en milieu d'après-midi jusqu'à une petite ville près de Hat Yai, lorsque le ciel sombre explose à nouveau. Les rues sont à tel point inondées qu'elles se vident bientôt de tout individu ou véhicule. Maintenant, ça suffit : pédaler devient vraiment dangereux. Je passe en mode thaï – faire comme les habitants et arrêter les frais.

Chapitre 9

SOLITUDE : EFFETS SECONDAIRES

16 octobre

La météo annonçant une belle journée, j'ai quitté Sadao de bonne heure pour appuyer et couvrir un maximum de distance. À une centaine de kilomètres au nord de Hat Yai, mon pneu avant se dégonfle. Par chance, il me reste une chambre à air ; je quitte donc l'autoroute pour la remplacer. L'avant-dernière y est passée en Malaisie après avoir vilainement crevé sur un clou géant. J'ai également détruit deux nouveaux écrous de rayon qui imposent réparation ; trouver un magasin devient donc la priorité absolue. Rien de moins miraculeux. Jusqu'à présent, quasiment pas l'ombre d'un cycliste en Malaisie ou en Thaïlande. J'en déduis que les magasins de vélos ne fleurissent pas. Heureusement, je dispose encore de tout un stock de colle et de rustines, l'optimisme reste donc autorisé. J'espère bien atteindre Bangkok avant d'avoir tout épuisé.

Ma poigne n'a fait que diminuer à force de serrer le guidon pendant des heures jour après jour, et je peine à changer la chambre. Remonter le pneu sur la jante devient une véritable épreuve. Mes pouces sont épuisés, alors j'utilise l'énorme démonte-pneu pour forcer. Cela prend une bonne demi-heure, mais le caoutchouc se repositionne finalement. Un rapide coup de pompe et je serai loin. Le pneu se gonfle… et se dégonfle aussitôt. *Non, non, non !* À tous les coups, j'ai pincé ma dernière chambre entre la jante et le pneu. Traduction : entaillée.

Pas grave, je n'ai qu'à rustiner et regonfler. Je sors mon kit et cherche la colle. Une sacoche de vélo, c'est un peu comme un sac à main : placez un objet dedans et jamais vous ne le retrouverez. J'extrais jusqu'au dernier truc du sac de cadre. Je le vide. Toujours pas de colle. Je vérifie le petit sac de guidon. Rien. Elle a dû tomber quelque part, peut-être à Perth lorsque j'ai emballé Pégase pour l'Asie. Sans colle pour poser ma rustine, je suis coincée. Tout ça à 95 kilomètres de la ville la plus proche qui peut disposer d'un magasin de vélos – ou non.

Le soleil s'en moque et cogne sans pitié tandis que je reste assise dans le fossé à côté de l'autoroute, essayant d'inventer une suite. J'ai mal à la tête, et les perles salées qui coulent sur mes joues ne sont plus de la sueur. C'est officiel : je me sens définitivement seule. Si pleurer ne résout rien, au moins ça soulage un peu. Je baisse les armes et m'abandonne à chialer. Mais rien qu'un peu.

Allez, espèce de gamine. Personne ne te sortira de ce merdier, sauf toi. S'il y a un problème, il y a une solution. Réfléchis.

Réfléchir. J'ai beau savoir que Hat Yai constitue ma meilleure chance de trouver des pièces de vélo, elle signifie rebrousser chemin. Rien de pire pour moi que de revenir sur mes pas, mais je n'ai pas vraiment le choix. Ayant repéré des bus qui passent de temps en temps, je marche quelques kilomètres avec Pégase jusqu'à tomber sur un arrêt de bus. Le conducteur s'avère assez sympa pour me laisser monter après lui avoir présenté mon pneu crevé. Je glisse tant bien que mal Pégase à l'arrière du bus entre un groupe d'étudiants et moi. Quelques passagers supplémentaires me suivent ; l'un trimballe une grappe de poulets raides comme des tiges attachés par les pattes et qui se balancent près de mes roues, l'autre deux gigantesques barils de lait presque aussi hauts que lui. Ça sent le jour de marché. Même avec un vélo, personne ne fait attention à moi. Dans cette Thaïlande rurale, tout et tout le monde prend le bus.

Après l'espace et le grand air de la route, ce confinement moite contraste brutalement. Baignant dans la chaleur du véhicule bondé, je commence à ressentir les prémisses de la claustrophobie. L'étouffement menace. Je ferme les yeux et essaie de me détendre. *Inspire. Expire. Profondément.* Je parviens à m'assoupir.

Lorsque le bus finit par arriver à Hat Yai, j'entame ma recherche désespérée d'un magasin. Ne voulant pas endommager les jantes, je porte Pégase autant que je le pousse jusqu'à quadriller la ville. Au bout d'une heure, je suis épuisée. Deux jeunes filles et leurs parents font leur marché et me remarquent en train d'errer sans but – avec un vélo. Ma réponse à leur question est liminaire : je leur montre le pneu crevé et les rayons cassés.

« Ahhhh. Moment. » L'une des adolescentes parle à son père, qui hoche la tête et lui répond. Elle se tourne alors vers moi : « Vous venir. »

« OK. » Je les suis.

À peine le temps de marcher que nous nous arrêtons déjà devant un atelier de réparation de motos. Une nouvelle fois, c'est la fille qui explique la situation au mécanicien, appelant à son tour son collègue. Tous deux examinent gravement Pégase, secouant la tête et tentant de voir si des pièces de moto feraient l'affaire pour les minuscules éléments du vélo. La famille thaïe commence à s'impatienter. Il leur reste des courses à faire.

« Allez-y, ne vous inquiétez pas », dis-je à l'adolescente. « Merci de votre aide. *Cop coon ca.* » Mains jointes, j'incline la tête selon le *wai* thaïlandais, salutation et remerciement respectueux.

Elle me salue de la main, et je m'assieds dans l'atelier pendant que la discussion continue. L'un des mécanos me fait signe de rester tandis que son partenaire file au pas de course ; afin de récupérer les pièces nécessaires, je suppose. Une bonne heure s'écoule ainsi. La patience serait une qualité ? Dommage, je ne la possède pas. Plus de 100 kilomètres et une demi-journée : voilà ce que j'ai déjà perdu. Mon anxiété ne cesse de croître. Mais à vouloir réécrire ce qui ne peut plus l'être, je ne résoudrai pas plus vite le problème. *Prends-le plutôt comme une pause, Ju'.* Je m'installe dans une chaise et l'on me tend un coca glacé.

Enfin le mécanicien revient, une main remplie d'écrous de toutes les tailles, l'autre tenant deux chambres à air d'occasion. Paix aux vélos que l'on a démembrés pour ça – je me demande tout de même à qui ils appartenaient. En moins de dix minutes, les rayons de Pégase possèdent de nouvelles-anciennes tétines et la chambre est gonflée. J'en achète une de rechange et un tube de colle.

« *Cop coon maak ca.* » Merci beaucoup.

Le type hausse les épaules comme si ce n'était rien. Mécanos vélo : partie de l'humanité que je préfère.

18 octobre

Aujourd'hui, un écolier en uniforme et à la tête rasée me désigne à ses camarades en criant : « Hé regardez ! Une *phalang* ! » En thaï, le terme signifie « *étranger* », mais aussi « goyave », et l'image cadre parfaitement avec mon image : visage cramoisi, peau rugueuse et abîmée, trempée de sueur. Assez éloignée de l'Occidentale sophistiquée, très proche de la sauvage. Limite animale.

Même après une douche, ma peau me paraît encore sale, aussi bronzée que brunie par la poussière. Mes mains ont dû tremper dans le chocolat, à en croire ces lignes marron qui tranchent avec ma peau blanche lorsque j'ôte mes gants. À force de réparer et gonfler du pneu, mes ongles arrachés sont constamment cerclés de noir. Chacune de mes deux tenues sent mauvais, car elles ne parviennent jamais à sécher complètement pendant la nuit. Je me sens inhumaine et (très) peu attirante, aux antipodes de ce qu'une femme normalement constituée pourrait éprouver. Lorsque des filles propres et parfumées me frôlent avec leurs robes légères, leurs sandales et leurs cheveux brillants, je suis comme un chien galeux et couvert de tiques qui lorgnerait un caniche toiletté. Dans ce genre de moments, je crève d'envie de redevenir femme. Bon sang, rien qu'humaine, ça m'irait déjà !

Je rentre du 7-Eleven avec un peu de réconfort à grignoter – des fruits secs, de la glace et une bière – pour retrouver le silence de ma chambre d'hôtel et un ventilateur à peine capable de remuer l'air chaud et étouffant. Après tout ce temps, je devrais m'être complètement habituée à la solitude, mais parfois, même ma propre compagnie m'est insipide.

Durant mon adolescence, comprendre que je n'appartenais à nulle part avait détruit toute confiance en moi et été la cause d'une tristesse sans fond. Je tenais constamment le rôle de l'outsider sociale, l'inadaptée, celle qui zieute l'intérieur de la maison derrière la vitre. Quel que soit le groupe, l'étrangère. La seule goyave dans une caisse de pommes. Même entourée, ma solitude criait. Surtout entourée. Cependant, devenue adulte, jamais la solitude ne m'a gênée, car j'avais compris que son contraire signifiait souvent perdre du temps en compagnie d'individus que je n'appréciais pas, ou avec qui je n'avais rien en commun.

« Je pense que la solitude est moins une décision consciente qu'un effet secondaire inévitable de certains choix de vie », m'avait dit un jour Hendri. Et si quelqu'un pouvait parler avec légitimité de la valeur de la solitude, c'était bien lui. « Lorsque ce qui passe pour normal leur semble la chose la plus anormale au monde à poursuivre, ceux qui décident de suivre leur propre voie, d'être différents, d'atteindre des objectifs autres que ceux que la société juge “normaux”, ceux-là parcourront souvent ce chemin seuls. »

Il estimait que le prix de la liberté, c'était la solitude. « La liberté de faire ce que tu veux est un lourd fardeau à porter, et une route très solitaire à parcourir, écrivait-il dans un mail. En soi, la liberté constitue un extrême, car elle est par définition égoïste. Beaucoup de gens la recherchent, mais une fois qu'ils s'en sont suffisamment rapprochés pour mesurer la profondeur et l'étendue de la solitude qu'ils devront traverser pour l'atteindre, peu d'entre eux possèdent encore la volonté ou le désir d'accomplir les derniers pas, les plus engagés, d'outrepasser la limite du non-retour pour une récompense qui n'est pas garantie. »

Hendri avait compris qu'il existe différents types de liberté, mais que la plus essentielle reste probablement la plus difficile à atteindre, et la plus égoïste. « Les expéditions en solo, du moins les miennes, constituent la forme d'égoïsme la plus pure que je pourrais imaginer, m'avait-il confié. Tu n'es peut-être pas à l'abri des exigences de ton environnement, mais tu restes libre de choisir comment y répondre. Si une mission solo me tue un jour, ce n'est pas moi qui souffrirai. Tu ne souffres que si tu survis. Il ne restera que ceux qui m'aiment, leur chagrin, et leur obligation de faire avec. »

On l'aurait cru prédire sa propre fin. Quelques mois plus tard, Hendri s'engageait dans sa dernière expédition au Congo. Et pour ceux d'entre nous qui l'aimaient, la perte fut dévastatrice. Comme il l'avait énoncé.

Me voici maintenant sirotant une Chang dans le silence de ma chambre. En cet instant, je repense à ses mots. J'ai été tellement en colère contre lui d'avoir pu m'abandonner. À vivre. Il y a eu des jours sombres à imaginer le rejoindre. Il y a eu des jours interminables à ramper dans une vie qu'il n'habitait plus – un vide au-delà de l'abyssal. Partir faire le tour du monde à vélo a été le seul moyen que j'aie trouvé pour continuer, inventer un but, une raison d'être. À vélo, je peux fragmenter, piler, marteler le chagrin ; je ressens un peu moins cette douleur à chaque kilomètre parcouru. C'est ici, sur la route, que ses mots s'incarnent chaque jour un peu plus et prennent sens en moi. C'est ici, sur la route, que je m'approche chaque jour de lui, jusqu'à en toucher l'essence. Je me sens plus proche de lui que jamais.

Peut-être est-ce pour cela que je ne me suis jamais sentie totalement seule depuis le départ.

19 et 20 octobre

Voyageant seule, j'essaie autant que possible de rester dans des endroits très peuplés, surtout dans les pays en voie de développement. Aujourd'hui marque un tournant. Je brise mes chaînes, fais une entorse à la règle, révolutionne, bref. J'ai envie de me détendre et de dormir sur la plage. C'est la première fois que je choisis délibérément un endroit aussi isolé pour passer la nuit. Je quitte la route principale pour me diriger vers la côte bordant l'aéroport de Chumphon, loin de tout village, voire civilisation. Ce n'est qu'après avoir dégoté un camp de bungalows à dix mètres de l'océan et payé quatre dollars pour une petite hutte en bois que je découvre l'absence totale de réseau mobile. Peu importe. Que pourrait-il m'arriver ?

Au moment où je termine mon dîner – curry vert de poulet et riz –, une famille thaïe arrive, quatre personnes aussi bien habillées que leur Jeep pèse son prix. Seuls autres occupants du camp pour la nuit, ils s'installent dans le bungalow jouxtant le mien. Tout en m'étendant sous le porche en bambou, j'observe les adolescentes enchaîner les selfies sur la plage en sirotant ma Tiger. Quelques clébards hirsutes viennent se faire caresser après s'être roulés dans le sable. La joyeuse bande se pose à mes pieds sous l'entrée et nous restons tranquillement allongés, marée montante, soleil couchant. Le bruit des vagues et la douce brise du soir agissent rapidement. Sédation profonde annoncée, j'attrape le train du sommeil en phase somnolence, et rentre bientôt me coucher.

C'est l'aboiement furieux des chiens qui me réveille vers une heure du matin. J'entends des voix, une femme pleure à côté. À travers une fente dans les rideaux, je distingue trois hommes à l'extérieur du bungalow de la famille. Devant la porte ouverte, le père se tient debout en pyjama, lorsque l'un des trois le tire violemment dehors. J'en reconnais deux : plus tôt dans la soirée, ce sont bien eux qui dînaient à une table voisine et m'ont vue arriver poussiéreuse et débraillée. Ils ont quitté le restaurant alors que la famille arrivait.

Tragédie en direct ou sensation de déjà-vu : il se passe quelque chose en moi. Je connais cette scène. Mon corps se met à trembler violemment et une chaleur terrible me remonte de l'estomac jusqu'à la poitrine. Flash-back aussi brutal qu'immédiat : je suis de retour en Ouganda. Plan large : j'ai 21 ans. J'étais allée aider mon père à monter une émission de radio. Plan serré : je suis ligotée à plusieurs de mes plus jeunes frères et sœurs, un AK-47 contre la tempe. Nos assaillants maintiennent mon père, et menacent de lui trancher le pied à la machette si nous ne leur donnons pas d'argent. Trois heures de terreur pure. Durant les deux semaines qui suivirent, chaque bruit me réveillait. Chaque pas dans le couloir revenait kidnapper mon corps, pour le ramener au cœur du drame dans une série de convulsions posttraumatiques. Avec le temps, les souvenirs s'étaient heureusement lentement estompés. Jusqu'à ce soir.

Trauma latent réveillé, la panique prend alors le contrôle sur la raison. Tout raisonnement annihilé. Mes muscles frémissent de plus belle et la bile se met à brûler de l'estomac à la gorge. Je me bats pour reprendre le dessus. Entre deux spasmes, quelque chose me revient subitement à propos de la peur, mais c'est trop flou : « Tout oublier et courir » ou « Tout affronter et s'élever ». Impossible à déterminer, mais une certitude : à moi seule de choisir.

L'esprit sur la matière. Se calmer. Réfléchir. Pour le moment, rien ne m'est encore arrivé. S'ils viennent à ma porte, que peuvent-ils faire ? D'abord la défoncer. Puis entrer. Que pourraient-ils me voler ? À part mon vélo, je n'ai rien. Ils m'ont vu arriver, donc ils doivent savoir que je ne suis pas bien riche.

Je m'assieds sur le lit, nettement plus calme, mon corps ne tremble plus. Ma pensée aussi se clarifie. *Réfléchis, continue.* Les secours, 911 ou 999 en Thaïlande ? On n'en est plus là. Même si je connaissais le numéro, pas de réseau. Et quand bien même je pourrais appeler quelqu'un, je ne connais ni le nom de la route ni celui du camp. J'allume mon GPS, mais il ne capte aucun satellite. Oublier son bouton d'urgence. Je réalise donc soudainement que si quelque chose devait m'arriver ici, personne ne le saurait jamais.

Restant attentive au moindre bruit, je m'adosse à l'oreiller et réfléchis longuement. Après avoir analysé toutes les hypothèses et tous les résultats possibles, j'atteins le dernier scénario. Le pire : la mort. Durant mon voyage, j'ai plusieurs fois pensé que mourir m'aurait été égal en *cet* instant précis, dans *cet* endroit précis où je désirais être, en faisant *précisément* tout ce que je souhaitais le plus. En somme, il y aurait eu pire. Dans ce genre de moments, je me souciais assez peu de terminer l'aventure. Mourir ne m'effrayait pas ; vivre sans me sentir vivante, oui. Profondément.

Mais aujourd'hui, plus j'avance, plus j'ai envie d'atteindre l'arrivée, d'en voir plus, d'en faire plus, d'en vivre plus. La vie est devenue nettement plus intéressante – non pas vivre simplement pour exister, mais honorer la chance que j'ai d'exister, en vivant réellement.

Un jour que nous discutions sur Skype, Hendri me demanda : « As-tu beaucoup lu Osho[33] ? »

Nous adorions discuter de nos lectures et inspirations. Vers la fin de sa vie, les pérégrinations d'Hendri devenaient de plus en plus spirituelles, et les philosophies de divers gourous reflétaient sa quête intérieure. Il aimait me faire part de leurs conceptions. D'après lui, je ne sais comment, mais je l'aidais à ne point s'aventurer trop loin. Cette nuit-là, notre conversation avait doucement dévié vers la question de mort, Hendri expliquant qu'il considérait celle-ci comme l'aventure ultime. L'expédition dont il n'y aurait pas de retour, un aller simple pour Mars. Il en parlait comme s'il ne pouvait attendre.

« *Pour l'homme qui n'a pas connu ce qu'est la vie, la mort est un ennemi ; et pour l'homme qui sait ce qu'est la vie, la mort constitue le crescendo ultime de la vie.* » Les mots d'Osho – et la voix d'Hendri – me parviennent à cet instant même, allongée en alerte dans l'obscurité, à l'écoute du moindre pas s'approchant de ma porte. Étrange. Achever le scénario final en compagnie de la mort se fait maintenant réconfortant, comme imaginer un oreiller douillet lorsque la fatigue gagne. S'il n'y a aucune conscience après la mort, alors une fois morte, je n'aurai plus conscience d'avoir un jour existé. Et s'il y a conscience ? Eh bien, en route pour une nouvelle aventure !

Une chose après l'autre. Demain, je devrai me lever tôt et pédaler. Tel est mon immédiat, pragmatique. Et s'il doit se produire quelque chose d'ici là, cela se produira. À quoi bon s'asseoir et l'attendre, rien n'y changera. Je remonte le drap, ferme les yeux et m'endors.

33. Gourou indien populaire dans les années 1960-1980.

20 octobre

Comme chaque jour, j'ouvre les yeux à l'aube. Tout est silencieux tandis que j'enfile mon short, charge mes sacs, puis sors Pégase. J'observe soigneusement autour de moi ; aucun mouvement chez mes voisins. Aurais-je rêvé ? Ni police ni agitation, même la Jeep est toujours garée dans l'allée. Peut-être que mon imagination s'est emballée aussi frénétiquement que moi hier soir. Quelle part de réalité à cela ? Quelle part aurais-je inventée ?

Eux sont bien là. Les trois chiens dorment toujours sous mon porche, juste devant la porte. Mes Super-Galeux s'étirent et remuent la queue lorsque j'émerge du bungalow, frottant leur truffe contre mes jambes. « Vous êtes vraiment de bons toutous. » Je les couvre de récompenses (grattements de ventre en dose massive) tandis que les plus sensibles de la bande gémissent, me lèchent les mains, voire se battent pour gagner mon affection.

Profondément soulagée, je pédale pour rejoindre une route très fréquentée.

L'accalmie est de courte durée. Quelques heures plus tard, je réalise qu'un scooter rouge me suit. Sa façon de procéder se répète, restant quelques mètres derrière moi pendant plusieurs minutes, me dépassant pour rouler quelques mètres devant, puis finissant par se ranger sur le bas-côté en attendant que je passe. Et recommencer. Selon ma tactique habituelle, je branche mes écouteurs et feins de l'ignorer, tout en le gardant néanmoins à l'œil derrière mes lunettes sombres.

Mais voilà que le motard s'enhardit jusqu'à s'approcher de moi et se lancer dans une démonstration hallucinante d'insultes.

Franchement, ça commence à bien faire. À mon tour de passer à l'offensive, je sors mon téléphone et me mets à le photographier. Effet immédiat, l'homme accélère, visiblement secoué, et quitte l'autoroute dans un crochet serré. Dès qu'il est hors de vue, je bifurque vers une route secondaire et fonce vers les toilettes d'une station-service dans lesquelles je m'accroupis avec Pégase pendant vingt bonnes minutes, jusqu'à sentir que je ne crains plus rien.

Les événements d'hier soir et d'aujourd'hui accroissent encore mon sentiment de solitude et de vulnérabilité totales. Un animal sans meute est un animal sans protection. Pas étonnant que les humains passent leur temps à rechercher un groupe, une appartenance. Je crois qu'au plus profond de nous persiste un besoin subconscient ; troupeau ou horde, celui d'intégrer un collectif pour sa sécurité, transmis à travers des millénaires d'évolution. Personne n'est prêt à tenir le rôle de l'animal solitaire.

22 octobre

Choc rétinien et sonore. Pure tradition du cabriolet. Un coupé rouge, avec ses flammes peintes sur les flancs et son moteur assourdissant, se gare à l'extérieur du 7-Eleven où je prends mon petit déjeuner et fais le plein de collations. Une minute plus tard, quatre Thaïlandais tout de cuir et de métal s'entassent à l'entrée de la boutique. J'adore les stations-service thaïlandaises. Ils ont tout, des fruits frais tranchés servis avec leur cuiller de sel-sucre-piment, jusqu'aux milk-shakes au thé vert, en passant par les pois croquants au wasabi et autres variétés infinies de fruits secs. Parmi eux, la mangue et la papaye salées restent mes favorites. J'en charrie des sacs entiers dans ma petite poche de guidon, et suce des morceaux tout au long de la journée pour adoucir la morosité des longues heures.

En dehors du 7-Eleven, certains étals de marché proposent de la *street food* chaude et épicée, des sarongs[34], des outils de voiture et autres attirails de la Création. Assis derrière une table, un commerçant âgé tient un étalage assez impressionnant de couteaux, épées et crans d'arrêt. Ayant moi-même collectionné les épées, je flâne pour regarder de plus près. L'un des membres du Gang des Gangsters Chics swingue vers le stand en roulant des mécaniques. Correction : fanfaron niveau olympique. Déhanché, costume, le message est clair, *attention les yeux, je suis un cow-boy, et un dur !* Débardeur noir moulant, pantalon en cuir à glands orné d'une grande boucle et de chaînes en argent, et médaillon géant argent-turquoise autour du cou. Ses longs cheveux tressés sont à moitié cachés par un chapeau de cow-boy en simili vieux cuir. Évidemment, le type estime que s'habiller comme son avatar de manga, c'est cool ; et bizarrement, eh bien moi aussi. Notre cow-boy-animé saisit deux katanas japonais et commence à danser avec eux, faisant tournoyer les épées dans une chorégraphie élaborée et fendant l'air de plus en plus près de moi. En gros, il fait son show. Il sait, je sais. On se comprend.

« *Gang mak*[35]*!* » Pouce levé, je découvre le timide sourire d'un écolier qui recevrait enfin les félicitations de son prof.

34. Pièce de tissu portée en paréo.

35. *Bien joué !*

Finalement, pas si dur à cuire que ça. Je lui montre mon téléphone : « Photo ? »

Il me l'attrape immédiatement des mains pour le passer au vieil homme, lui glisse trois mots de thaï et reçoit son hochement de tête. Épées en mains et à mes côtés, l'artiste déroule alors tout un catalogue de poses jusqu'à ce que sa bande siffle le départ.

« Toi. Très cool », me dit-il.

« Toi très cool aussi. »

Apparemment ravi de l'entendre, il me secoue vigoureusement la main. Jouant du moteur dans les règles de l'art, ses amis attendent déjà dans le cabriolet qu'il rejoint en sautant sur la banquette arrière, sans ouvrir la portière. Le gang au complet me salue poing levé en criant « Cool vélo, *phalang !* » et s'éloigne en vrombissant. Cette validation manquait à mon pedigree, j'en mesure l'honneur.

Je pédale encore 60 kilomètres. Vers midi, la pause s'impose, car la température atteint son maximum. Bangkok n'est plus qu'à 60 kilomètres supplémentaires, et j'ai réservé un vol pour l'Inde le lendemain matin, ce qui me laisse même une heure ou deux de repos. J'aperçois une Jeep qui s'est arrêtée et demande à quelle distance se trouve le village le plus proche. La famille – trois sœurs et un frère de vingt à cinquante ans – parle peu anglais, alors je m'essaie au mime : les doigts vers ma bouche.

« *Gin ahaan.* » Manger nourriture.

« Aaaaahhh », répondent en chœur les sœurs, avant d'échanger une minute entre elles.

« Vous mangez des crevettes ? » finit par demander la plus jeune. Avec ses quelques bases d'anglais, c'est la traductrice officielle.

« *Dai ka !* » Et comment !

« *Koon gin kap réa.* » Vous mangez avec nous. « *Mangez des crevettes, OK ?* »

« *OK.* »

Elle me fait signe de les accompagner. Le groupe remonte dans la Jeep et roule au pas sur quelques kilomètres, tandis que je les suis aussi vite que je peux. Au bout de dix minutes, la voiture stoppe près d'une simple cahute en paille et chaume de bambou qui tient lieu de cantine. Quelques tables et bancs bruts sont éparpillés sur une terre battue irrégulière. Dans un coin, trois gigantesques bacs en plastique sont remplis d'eau et de crevettes tigrées géantes. Tour à tour, les clients remplissent leurs seaux de crustacés vivants – à volonté – et les tendent au cuisinier pour qu'ils les fasse frire.

Une heure durant, nous nous goinfrons de crevettes frites et de Singha Beer jusqu'à n'en plus pouvoir. Mes rudiments de thaï, leurs rudiments d'anglais, et beaucoup de gestes et bruitages ; cette recette miracle leur permet de tout apprendre de mon périple, et moi, tout de leur existence. Ils forment une famille soudée dont les femmes revendiquent leur indépendance, toutes suivant des études ou exerçant un métier, toutes désormais seules, dont une mère célibataire et une autre divorcée.

« Pas d'hommes », m'expliquent-elles, les deux pouces vers le bas. « Les hommes, *mai ben.* » *Pas bons*. Aîné des quatre et marié, le frère sourit et hausse les épaules. À quoi bon résister à trois sœurs aussi fougueuses ?

Nous nous quittons en sachant que nous ne nous reverrons plus jamais, mais heureux d'avoir partagé autant. Précieux imprévus dont un voyage nous gratifie parfois, lorsqu'un souvenir que l'on n'oubliera jamais se cristallise pour demeurer, telles une photographie ou une carte postale. Ils s'étaient réunis pour une journée en famille, mais pendant une heure, m'ont ouvert leur univers. Ils m'y ont invitée, moi la parfaite inconnue.

À force de tourner en boucle dans nos vies étriquées, l'égocentrisme nous guette, et nous tend le petit bout de la lorgnette pour observer le monde. Circuit fermé, jour après jour, focale réduite. Devenir l'étrangère qui traverse la vie des autres me fait réaliser à quel point je ne suis rien, simple rouage d'une immense machine. Plus vous voyagez, plus le monde rapetisse, autant que vous-même et ce que vous jugiez important.

Je reprends mon chemin vers Bangkok, ventre ballonné et gargouillant de crevettes à moitié digérées, étourdie par trop de bières – mais ça valait le coup.

Bangkok est tout simplement un cauchemar cycliste. Traverser cette métropole redoutable et atteindre l'aéroport prend autant de temps qu'il en a fallu pour parcourir les 50 derniers kilomètres. Mais le plus pénible de l'épreuve reste l'assaut final : atteindre l'aéroport. Incapable de trouver un réseau secondaire, je n'ai d'autre choix que de pédaler le long de l'autoroute. Les voitures me frôlent à 100 kilomètres/heure en klaxonnant, pendant que je longe le trottoir du pont aussi près que possible de la barrière ; effort terrifiant et qui me semble interminable. Quand enfin je pénètre dans le complexe aéroportuaire, estomac noué et aussi tendue qu'ébranlée, je crois que je pourrais embrasser le sol.

Chapitre 10

CAUCHEMARS INDIENS

24 octobre

Ma première journée en Inde commence en fanfare. Bienvenue à Kolkata : vivement que je m'en aille. Baignant dans un chaos vivant et bouillonnant, je me faufile à vélo entre les camions, autobus, pousse-pousse et bicyclettes chargés de pots géants, animaux et marchandises ; les piétons, automobilistes et autres cyclistes, les chiens, vaches, chèvres et innombrables tas de déchets ; partout les mêmes relents fétides d'ordures en décomposition, d'excréments et d'encens écœurants.

Alors qu'un camion s'apprête à me doubler sur la droite[36], je me rabats déjà le long du trottoir lorsqu'un homme surgit et s'élance vers la chaussée, pile sur mon chemin. Ce dernier m'aperçoit à deux mètres et se fige. Nulle part où dévier, coincée pour l'éviter, bien trop tard pour freiner. « Bougez-vous ! Bougez-vous ! *Bougez-vous !* » J'ai beau hurler quelques millisecondes avant l'impact, peine perdue. La collision nous expédie Pégase et moi sur le trottoir.

36. En Inde, on conduit à gauche.

« Vous êtes taré ?! » Je peux crier dans le vide. Le type s'est déjà enfui. Seule, je me relève et remonte la chaîne. « Y en a vraiment qui sont pressés de mourir… » Je marmonne nerveusement en ignorant le sang qui coule sur mon tibia, et je remonte en tremblant sur Pégase. Je voudrais juste sortir de la ville, mais me frayer un chemin me prend plus de deux heures.

Quarante kilomètres d'autoroute. Mon estomac me rappelle que je n'ai pas pris de petit déjeuner. Un routier se profile en bord de route, je m'y arrête y faire le plein de chai et de biscuits. Pendant que je mange, une petite foule s'assemble autour du vélo, tâtant du pneu comme d'un fruit mûr. « Cher ? » demandent-ils dans l'internationale du fric – langue des signes, doigts sur le pouce, et l'on frotte le tout.

« Non, noooon. » Je mens avec conviction en secouant vigoureusement la tête.

Décidément, par ici, Pégase est une vraie rock star. À chacun de mes arrêts entre Kolkata et Bhubaneswar, un nouvel attroupement se forme. Au début, cette attraction me rend nerveuse et agoraphobe, mais peu à peu, je comprends que la curiosité se porte essentiellement sur mon vélo. Les gens s'agglutinent surtout pour toucher les pneus ; ils n'en ont jamais vu d'aussi minces. Comparé aux bidules rouillés monovitesse qu'ils pilotent tous, Pégase tranche comme une Ferrari dans un champ de tracteurs. Raison de plus pour ne pas le perdre des yeux. Il m'accompagne partout – toilettes comprises – et reste à portée de main chaque fois que je mange.

Au bout de 130 kilomètres, ma faim et ma soif atteignent un stade critique et les effets du soleil deviennent sérieux. J'entre alors dans Kharagpur, où des foules d'hommes au front barbouillé de pigment orange barrent la route, et agitent des sabres d'un mètre de long au rythme des tambours. Nous sommes en plein festival national hindou de Dussehra, célébrant la victoire du seigneur Rama sur le roi démon Ramaha – triomphe séculaire du bien sur le mal.

En m'embarquant pour l'Inde, j'ignorais totalement que j'atterrirais un jour férié. Tout est fermé à l'exception de quelques étals crasseux en bord de route, leurs cuisines bordées de monceaux d'immondices, picorées par les corbeaux et autres bâtards cadavériques. Tout – ordures, nourriture, charognards – grouille de mouches. Au moins, mon enfance à Mumbai m'a légué quelques règles élémentaires pour survivre à la cuisine de rue. Ne buvez que de l'eau en bouteille et n'ingérez que des aliments emballés, ou frais, mais cuits devant vous. Je me souviens que nous faisions tremper tous les fruits et légumes du marché dans de l'eau salée pendant au moins une heure. Mon estomac est-il plus costaud que celui du quidam ? Probable, mais personne ne traverse jamais l'Inde indemne. Je ne peux qu'espérer avoir développé une forme d'immunité contre la pire des bactéries durant ma jeunesse.

Quand je déniche enfin un restaurant apparemment ouvert, ils m'informent que le service ne reprendra qu'en soirée.

Je passe aux supplications. « S'il vous plaît… J'ai tellement faim. Je mangerai tout ce qui vous reste. »

Pathétique, voire carrément minable : tel doit être mon effet, car j'emporte leur pitié, et l'on m'offre des restes de biryani. *Tant qu'ils les réchauffent suffisamment, ça devrait aller.* Allez trouver une alternative. J'avale donc le riz jaune parfumé tandis que le patron, le cuisinier et le serveur s'alignent sur leurs chaises en plastique pour m'observer. Le serveur, lui, continue d'essayer de me convaincre de l'emmener dans « mon pays » pour obtenir un visa. Toute ma pédagogie y passe pour lui expliquer qu'il n'y a pas de « mon pays », et puis j'abandonne. Mieux vaut m'empiffrer.

Gavée et réhydratée, je demande les toilettes et l'on me guide jusqu'à un local sombre, proche de la grotte, recouvert de poubelles et de pots sales. Vu le réchaud qui trône au centre, j'en déduis que la grotte, c'est aussi la cuisine. Le serveur m'indique une canalisation ouverte dans un coin : « Là. »

Donc que ce que je viens d'avaler a été préparé ici. Horreur croissante.

Allez, Ju, on s'en fout. Méthode Coué oblige, je me force à sourire – un peu. Rien qu'un instant, fugacement, j'envisage de vomir le tout.

Pendant mon absence, le propriétaire est monté sur Pégase et tente de réussir le tour de la cour en ciment. Je débarque et pousse un cri stressé lorsqu'il manque de s'écraser contre un mur. Il est définitivement temps de repartir.

« Euh… Merci pour la nourriture, dis-je. Maintenant je dois y aller. » Main en évidence et tenant ferme le guidon, je paye le déjeuner en me demandant ce que mon estomac va devenir, sachant d'expérience que les hostilités sont déjà déclarées : la lutte contre l'Envahisseur Microbien a déjà commencé. On appelle cela une guerre *intestine*.

En sortant de la ville pour rejoindre l'autoroute, deux jeunes hommes à moto se mettent à me poursuivre. On dirait des figurants de Bollywood : chemises à col largement ouvertes, bien glissées dans des jeans moulants, coiffures outrageusement gominées, lunettes de soleil façon aviateur. « Madame, arrêtez-vous, juste une minute ! » me crient-ils.

J'ai beau refuser, la paire continue de me coller pendant plusieurs kilomètres.

« S'il vous plaît, Madame, on veut juste prendre des photos avec vous. »

Lorsqu'il devient clair qu'ils ne me lâcheront pas, mieux vaut céder et m'arrêter. Une seconde moto avec deux types de plus en profite pour stopper. Tous les quatre m'entourent rapidement et posent tour à tour à mes côtés ; shooting photo express, tout juste entrecoupé des commentaires enthousiastes du photographe enthousiaste : « Oh, oui, comme ça, très sexy. » C'est ça, très sexy. C'est exactement comme ça que je me décrirais.

Finalement, je parviens à m'en débarrasser et reprends la route. À 16 heures, le soleil commence à se coucher et il fait presque nuit dès 17 heures ; je décide donc de bifurquer vers la petite ville de Belda. Hors de question de m'initier au vélo seule, de nuit, et en Inde. L'unique hôtel se signale par le style, au deuxième étage d'un immeuble aussi décrépi que sa peinture rose, et par le bruit. Je tombe en pleine querelle entre le directeur et une vieille femme qui louche. Trop absorbés par l'échange houleux et son volume sonore, aucun d'entre eux ne remarque mon arrivée. Un groupe de moustachus assiste au spectacle depuis l'unique canapé du hall et, visiblement ravi, commente le match en riant. Je patiente une bonne vingtaine de minutes jusqu'à comprendre enfin : ici, gagner de nouveaux clients est nettement moins urgent que d'avoir raison sur la dame-qui-louche. Je finis donc par me planter agacée devant le bureau du directeur ; pleine ligne de mire, plus possible de m'ignorer. Au moins, j'attire un regard clairement hostile qui me chuchoterait presque de déguerpir.

« Bonsoir, j'ai besoin d'une chambre. »

« Combien de personnes dans votre groupe ? » Semblerait que je promène toute une troupe.

« Juste moi. »

« Juste vous ? » L'homme me fixe avec incrédulité, ne sachant trop quoi faire. Le poulailler baisse d'un ton.

L'une des pipelettes à moustache dit quelque chose en hindi, incompréhensible en dehors du mot « vélo ». Le directeur me regarde. Puis il observe Pégase. Puis encore moi. Et voilà qu'il explose de rire comme si c'était la chose la plus ridicule qu'il ait jamais entendue. Secouant la tête et marmonnant quelque chose, il m'impose les laborieuses formalités d'enregistrement et l'on m'escorte enfin jusqu'à une pièce aux parois jaunies. Un matelas de paille nue, une corde à linge qui pend d'un mur à l'autre, ni papier toilette ni savon. D'un pas lourd, je retourne à la réception et passe au mime : « Besoin mettre un drap sur lit. » Le directeur lève les yeux au ciel, et appelle un employé qui se traîne à contrecœur.

Mais Œil-de-Biais s'est déjà précipitée vers l'armoire, en a sorti du linge et s'est ruée dans ma chambre. Sautant prestement sur le lit, elle y balance le drap comme un pêcheur son filet. Réveillé par le mouvement, l'employé attend quelques secondes en arrière et, d'un geste violent, arrache le drap à peine retombé. Réactions en chaîne. La vieille femme l'incendie d'une flopée de jurons incompréhensibles, il lui réplique aussi sèchement avant de la chasser d'une main menaçante. Œil-de-Biais poursuit sa tirade stridente dans le couloir, tandis que lui refait lentement et méthodiquement le lit. Je n'en comprends pas un strict mot, mais cette tragédie est passionnante.

Quand ils me laissent enfin tranquille, je m'apprête à verrouiller la porte pour découvrir qu'il n'y a pas de clef. Nouveau retour à la réception. Le directeur fait mine de ne pas comprendre. Nouveau mime : « La clef qui tourne dans une serrure. » Il hausse les épaules et agite la main comme pour dire *Ne vous inquiétez pas pour ça. Évidemment que* je suis *très inquiète pour ça,* j'exige de disposer d'une clef – comme il se doit –, je ne pourrai dormir cette nuit avec une porte ouverte. Voilà comment notre directeur ouvre un tiroir à contrecœur, et me tend une clef.

De retour dans ma chambre, je manque de heurter la vieille-qui-louche et qui m'attend, une main tendue, l'autre pointant vers sa paume ouverte. Ayant mon compte d'agitation, je l'ignore et m'enferme. Sans oublier de verrouiller. Je me demande vaguement ce qui m'attendra derrière la porte demain matin.

25 octobre

À 6 heures, le bruit de la poignée qui tourne lentement me réveille. Mécontent de la trouver verrouillée, mon visiteur mystère se met alors à taper du poing dessus. Encore plus mécontente, j'ouvre la porte pour y découvrir Œil-de-Biais, inamovible et main tendue. J'imagine donc que la dispute d'hier avait quelque chose à voir avec sa façon d'importuner la clientèle par son business du pourboire forcé.

Ce deuxième jour en Inde débute donc sous de mauvais auspices, mais c'est une chute libre qui ne fait que commencer. Le biryani de la veille a déjà sévi. Tsunami digestif, séisme interne, indice élevé. Je me suis réveillée en pleine nuit et ai passé la suite aux toilettes. À pédaler dans la chaleur indienne sans rien dans le ventre, je sais que je risque une grave déshydratation, mais je ne resterai pas un jour de plus dans cet Hôtel des Horreurs. Je préfère donc remballer mon matériel et serrer les dents jusqu'à Balasore, à une centaine de kilomètres. Et le programme se confirme vite : ces 100 kilomètres sont les plus longs que j'aie jamais parcourus. Le sang cogne à mes tempes, ma tête pilonne et mon estomac frôle l'implosion – ou l'explosion – alors que je n'ai pas encore quitté Belda.

Antonio appelle vers 10 h 30. « Tout va bien ? »

« Non. Je ne sais pas si je peux continuer. Je dois aller aux toilettes tellement souvent que je peux à peine rouler. »

« Eh bien, arrête-toi quelque part. »

Ce qui sort – ou plutôt gargouille – de ma bouche oscille entre le cri de douleur et le rire hystérique. « *Eh bien arrête-toi – Où ça ?* Je suis sur l'autoroute au milieu de nulle part. »

« Écoute, je réserve dans un hôtel de Balasore et je vois s'ils peuvent venir te chercher. »

Je continue à pédaler, étourdie par la chaleur et la douleur insupportable de mes tripes.

Antonio rappelle. « Ju, tu as une chambre dans un hôtel propre. Essaie juste d'atteindre Balasore, et ensuite tu pourras te reposer. »

Je me demande sur quelle planète il vit. J'aimerais dégainer toute une cartouchière de sarcasmes, mais « *d'ac.* », c'est tout ce que je parviens à répondre avant de raccrocher.

Maintenant je dois m'arrêter quasiment chaque kilomètre, une jambe spiralée-serrée autour de l'autre tandis que mon estomac gronde. Tectonique intestinale et tremblements croissants, les secousses s'amplifient et annoncent une énième éruption digestive : on dirait un bâton de réglisse prêt à exploser. Alors que j'entre dans Balasore, plus possible de me retenir. La déflagration se produit en plein milieu de la rue et je me précipite jambes croisées dans le premier hôtel que j'aperçois. « Au secours ! » Je crie désespérément. « Les toilettes ! S'il vous plaît ! »

Sans dire un mot, le vieil homme à barbe blanche et turban désigne une porte au fond du couloir. La décence impose de ne pas décrire la demi-heure suivante. Plutôt lugubre et joliment répugnant. Par chance, la pièce possède une douche et je l'exploite à fond pour tout laver ; moi, mes vêtements, puis la pièce elle-même. Lorsque c'est au tour de mon short, impossible de retenir un rire nerveux : c'est exactement le genre de scénario dont on vous a parlé mille fois, mais que jamais, *oh non, jamais,* vous n'auriez imaginé vivre. À 31 ans, je me suis chié dessus comme un bébé. Aujourd'hui, j'ai peut-être touché le fond. Voire le sous-fond, dignité niveau zéro. Que l'on me rassure : ça ne pourrait pas être pire, n'est-ce pas ? Je renfile ma tenue trempée et sors penaude de la salle de bains.

Je marmonne honteusement un merci.

« Dix roupies. » Son indifférence est donc officielle et en vaut 10. Ma honte coûte autant, alors je paie mes dettes et file en rasant les murs, toute dignité désormais atomisée.

L'hôtel qu'Antonio a réservé se trouve à 10 kilomètres. En fait, je crois que je n'avais jamais autant savouré le luxe d'un lit propre. Je n'en bouge plus de la journée, en espérant que le repos me permettra de pédaler dès demain.

26 octobre

Certains encouragements surpassent tout : mes tripes retiennent le yaourt et les œufs durs du petit déjeuner. Il ne m'en fallait pas plus pour repartir. Antonio me conseille de me reposer un jour de plus, mais je suis déjà debout et reprends la route à 7 h 30. Deux cents kilomètres plus tard, j'atteins la ville de Bhubaneswar avec une forte fièvre.

27 octobre

Un jour, mon entêtement aura ma peau. Ce matin, impossible de sortir du lit. Même si ça me tue de l'admettre, si je ne m'arrête pas maintenant pour me reposer *vraiment*, c'est l'immobilisation qui me pend au nez ; plusieurs jours, et pour quelque chose de grave. Il n'y a qu'une seule solution et elle crève les yeux : cure d'antibiotiques et sommeil à satiété.

Tel un nuage menaçant, l'ombre de l'Inde hante mon aventure depuis le jour où je l'ai planifiée. Avant de m'élancer, j'appréhendais déjà la variété des difficultés que je risquais d'affronter, maladie comprise. Mes années thaïlandaises et mes moments en Inde alternent comme le jour et la nuit dans ma vie. C'est mon père qui aimait l'Inde. Il y traîna sa première épouse et ses deux enfants pour y lancer sa première émission à succès, fit un troisième enfant, puis les abandonna sur place. Quelques années plus tard, alors que j'avais huit ans, il m'entraîna de nouveau en Inde, mais pour me déposer au pensionnat de la secte et m'y oublier, tandis qu'il repartait vivre une nouvelle histoire d'amour dans une autre communauté.

Je me revois dans la cour, étudiant avec vingt autres enfants un après-midi lorsque la sonnette retentit. Un de nos professeurs alla voir qui carillonnait et, après une brève entrevue, revint en secouant la tête et en riant. « Un riche couple d'Indiens, dit-il à l'autre enseignant. Ils pensaient que c'était un orphelinat et voulaient en adopter un. » *Emmenez-moi ! S'il vous plaît, emmenez-moi !* Je ne pouvais penser qu'à ça. Orpheline, oui, tel était réellement mon sentiment. Je n'avais pas revu ma mère depuis si longtemps et mon père passait si rarement qu'ils avaient comme disparu.

La seconde fois que mon père m'expédia en Inde, j'étais devenue une adolescente de 13 ans déçue et en colère, qui venait de commettre le péché suprême d'avouer vouloir quitter le culte. À crime impensable, « reformatage » de la pensée et traitement de choc afin de briser ma rébellion. Ce fut la solution de mon géniteur. Peu après mon arrivée dans la communauté de Mumbai, je tombai gravement malade avec fièvre et diarrhées. La secte croyait en un lien direct entre les maux physiques et spirituels ; elle considéra donc ma maladie comme la confirmation ultime de mon âme impure. J'avais bien besoin d'être traitée et guérie, et l'on s'y appliqua dès que je pus m'alimenter à nouveau. Après bon nombre d'aveux et d'exorcismes, je fus mise au silence forcé – et permanent. On me fit nettoyer, cuisiner ou errer dans les rues sous un soleil de plomb dix heures par jour, pour vendre les vidéos, cassettes et autres livres des Enfants de Dieu. Quatre mois plus tard, je repartis. Plus révoltée et rebelle que jamais.

Peut-être ces souvenirs ont-ils entaché ma perception de l'Inde, mais de tous les pays où j'ai vécu durant mon enfance, c'est le seul que je n'ai jamais voulu visiter à nouveau.

Pour moi, il a toujours représenté la crasse, la maladie et l'ignorance, stigmates injustifiables d'une puanteur suffocante, l'extrême disparité d'un système de castes, et une misogynie des plus alarmantes au vu des records de viols. Quelque part où la vie humaine vaut moins que celle d'une vache. Divine. Lorsque les Européens que je rencontre se pâment et évoquent la « profondeur » ou la « spiritualité » du voyage qui les a transformés, je me tais. Jamais je ne pourrai croire que l'illumination implique des effets secondaires aussi lamentables.

Après seulement quatre jours, mes pires pronostics sur le chapitre indien sont amplement dépassés. Sachant qu'il en reste encore dix avant Mumbai, je n'ose imaginer ce qui pourrait arriver d'autre.

28 octobre

Même si je suis encore faible, la cure d'antibiotiques accomplit des miracles. La fièvre s'est apaisée cette nuit, et vu qu'un jour de repos supplémentaire est inconcevable, je puise dans mes ressources pour quitter Bhubaneswar et poursuivre au sud-ouest, vers Brahmapur.

Faire du vélo seule en Inde met les nerfs à rude épreuve. J'ai beau me foutre de la chaleur, du trafic anarchique, des nids-de-poule ou de la maladie : mon vélo attire l'attention. En tant que femme, étrangère, seule, j'attire l'attention ; alors en tant que femme-étrangère-seule-faisant-du-vélo, Pégase et moi suscitons des attroupements aussi denses que pour une Foire aux Monstres. Chaque fois que je m'arrête – au milieu d'une ville ou au milieu de nulle part –, des légions silencieuses m'assaillent comme des zombies au regard fixe. Au mieux, disons que c'est inquiétant. Lors d'une pause déjeuner, la foule qui m'entoure devient même si compacte, jusqu'à m'empêcher de bouger, que la police doit la disperser à coups de matraque.

29 octobre

Aujourd'hui, je ne tiens plus. Prise dans une marée humaine qui se bouscule, je suis malade, exsangue et trempée de sueur. Je finis par craquer. Il me faut la route pour la prochaine ville, et personne ne répond à mes questions répétées. Tout ce qu'ils font, c'est reluquer ; jusqu'à ce que la tension atteigne son maximum. La foule se resserre jusqu'à me presser contre Pégase et la panique me gagne tel un animal en cage. Réaction animale : j'opte pour le style singe aliéné en criant et remuant frénétiquement des bras (imitation assez fidèle). Personne ne comprend un mot, mais l'effet de surprise et d'incertitude est flagrant. Je pousse mon vélo vers le peuple qui s'écarte pour me laisser passer. Personne ne suit.

C'est la deuxième fois de mon voyage que je me sens en danger extrême. Même à vélo, des motards me suivent fréquemment sur des dizaines de kilomètres. J'ai bien tenté de les ignorer en enfilant mes écouteurs, jouant la sourdingue face à leurs remarques grossières. Rien à faire, il semble même que cela les stimule. J'en ai conclu qu'il valait mieux passer à l'agressivité et, quitte à avoir l'air hystérique, je crie désormais plus fort qu'eux en les menaçant du poing. Ils commencent par rire, mais lorsque mes gestes attirent la curiosité des passants et automobilistes, ils s'éloignent, peu rassurés. Me faire remarquer ainsi pourrait me jouer de sales tours, mais utilisée au bon moment, cette stratégie peut constituer une arme de protection massive dans mon arsenal de femme seule.

Antonio perçoit mon anxiété à chaque coup de fil – lorsque je décroche. Souvent je ne réponds pas, car cela signifierait s'arrêter et c'est ce que j'essaie d'éviter à tout prix, surtout dans les zones très peuplées. M'afficher avec un iPhone serait imprudent. Et évidemment, Antonio s'inquiète.

« Ju, Nicola a pris la route pour te rejoindre, m'annonce-t-il lorsque je m'arrête enfin pour répondre. Reste où tu es jusqu'à ce qu'il arrive. » Nicola, c'est notre ami napolitain ; véritable couteau suisse, précieux dans tous types de situations.

« Quoi ? Non, pas la peine. Ça va. Vraiment. »

« Non, ça ne va pas. Je ne t'ai jamais entendue si nerveuse au téléphone. Nicola te suivra la semaine prochaine. Il peut te rejoindre dans quelques jours. »

« Non, je n'attends pas quelques jours. J'avance. »

« D'accord. Mais tu t'arrêtes si tu te sens en danger. »

Danger ou pas, s'arrêter n'est pas une option. Jamais.

2 novembre

Ce n'est que trois jours après que Nicola me retrouve. Sa voiture a connu plus de crevaisons que toutes celles de Pégase réunies. Le pauvre n'avait jamais voyagé en Inde – ni dans aucun autre pays en voie de développement, d'ailleurs. Plus ébranlé que moi quand il arrive enfin, il m'étreint comme un naufragé serrant sa bouée.

Je le soupçonnerais même de n'avoir jamais été aussi heureux de revoir un visage familier.

« Je ne sais pas comment tu réussis à faire du vélo ici ! s'exclame-t-il en italien. Rien que rouler en voiture sur ces routes, c'est déjà traumatisant. D'accord, je ne parle pas très bien anglais, mais personne ne pige *rien à ce* que je dis. Tout le monde acquiesce, je me dis qu'on s'est compris, et puis ils font exactement le contraire. »

Comment me retenir de rire ? Pouvoir se marrer ensemble au sujet de la crasse, la faim et la maladie aide considérablement à supporter cet inconfort permanent. Par la force des choses, j'ai pris l'habitude de gérer seule ; mais avoir Nicola à proximité pendant quelques jours allégera cette épreuve indienne, du moins mentalement. Car physiquement, malheureusement, ce ne sera pas plus facile.

Un typhon vient juste de frapper sur ma route, le long de la côte sud-est vers Chennai. Les vents déchaînés et les fortes pluies compliquent ma visibilité du goudron, en particulier des crevasses. Je dois vite remplacer une chambre à air et continuer plus prudemment, ce qui me ralentit passablement ; mais au moins cette météo décourage le trafic, donc les motards.

Même momifiée dans plusieurs sacs plastiques, ma sacoche et tout son contenu sont trempés, couverts de boue et d'excréments humains lorsque la journée s'achève. La grande majorité de l'Inde n'a pas encore découvert le concept de toilettes publiques. Matin et soir, les villageois s'accroupissent simplement le long de l'avenue principale avec un seau d'eau pour se soulager. Et c'est *ça* – agrémenté de boue et d'ordures – qui chaque soir, nous recouvre Pégase et moi de la tête aux pieds. Il nous faut plus d'une heure de toilette, et une épaisse couche de fange finit au sol de la douche. Rien n'est jamais sec le matin, mais à quoi bon insister, puisque tout sera de nouveau trempé avant midi.

Pas étonnant que tout ce que je transporte commence à puer terriblement, vêtements comme équipement, et moi aussi, je crois bien. Les diarrhées continuelles et la malnutrition minent mon système immunitaire. Mon estomac ne supporte pas la nourriture gorgée d'épices, et il est presque impossible de trouver un aliment non cuisiné. À force de m'alimenter un peu moins chaque jour, je continue de perdre du poids. Enfin, pour corser le tout, j'ai attrapé une infection pulmonaire et ma gorge souffre de l'humidité et du vent constants. Bref. Ces jours-ci, le bilan est pitoyable.

Les choses empirent le soir. Une énième longue journée s'achève, et après avoir cherché en vain quelque chose que mes intestins retiendraient, je termine enfermée dans un gourbi à quatre dollars la nuit, à regarder les cafards grimper sur les murs. Pourtant, chaque matin est une renaissance. Esprit blindé et cloisonné, mental refait, je me convaincs que l'épisode finira un jour. Tout passe, rien n'est éternel. Traverser le monde, une épreuve d'*endurance* ? Nous y sommes en plein et ce que l'on raconte est véridique : votre force dépasse toujours ce que vous imaginez. J'ai roulé jusqu'en Inde. Alors une semaine de plus – même quelques mois, allez : qu'est-ce donc ?

En m'embarquant dans ce voyage, je savais qu'arriveraient des moments de doute total, questionnant mes capacités et mes motivations profondes, cédant à l'adversité. De ces heures capables de dissoudre le sel de l'aventure. Facebook scintille d'instants exaltés, mes mises à jour n'affichent que la crème du quotidien. Mais le romantisme n'a pas sa place dans un tour du monde à vélo. L'ennui parfois infini, l'épuisement et la gestion de problèmes répétitifs ; ainsi se nomment mes compagnons de route. Fidèles au poste, et que la routine soit.

Peu importe la manière, chaque épreuve d'importance vous transmute. Privée du confort et de la sécurité de mon petit monde, du soutien de proches, il ne me reste que moi-même. *Ju, ne compte que sur Juliana*, et c'est tout. Et voilà que, face à ma seule force intérieure, je suis en train de découvrir ce que je peux endurer, tant physiquement que mentalement.

5 novembre

Le typhon ne montrant aucun signe de faiblesse, Antonio me suggère d'arrêter de longer la côte jusqu'à Chennai pour azimuter plutôt vers Hyderabad, en prenant par l'intérieur des terres. Le soleil perce enfin après quatre jours de pluie, aussi pourrais-je miser sur leur assèchement.

Moins peuplé, le centre de l'Inde méridionale affiche une campagne qui tranche, verdoyante et adoucie. Des fermiers mènent leurs troupeaux de vaches, cornes peintes en orange et bleu vifs. Drapées dans leurs saris bigarrés, des groupes de femmes discutent et rient en se promenant le long de routes poussiéreuses, remorques chargées d'enfants. Tout et tout le monde paraît moins agressif. Les attroupements s'atténuent, le harcèlement s'éloigne, sourires et saluts m'accueillent. Enfin, je commence à me détendre et à profiter du voyage.

Plus je me dirige vers l'ouest, plus la population s'occidentalise elle aussi en matière de comportement et d'habillement. Je tombe sur le premier McDonald's depuis mon arrivée en Inde, et bien qu'en théorie je conspue cette franchise, je l'avoue, pour une fois (rien qu'aujourd'hui), mon bonheur est *sincère* lorsqu'apparaît le gros M jaune au-dessus du nuage de pollution. L'espoir renaît. Mieux, tout redevient possible : un aliment digeste. Sans épices. Je dépose Pégase contre la fenêtre à côté d'un Ronald MacDo' grandeur nature – barbiche rouge – afin de pouvoir le surveiller depuis l'intérieur.

Le restaurant offre et la climatisation, et le Wi-Fi gratuit. De riches ados discutent en groupes, s'entremêlent et chahutent pas mal. Tresses épaisses ramenées autour des oreilles ou ondulant dans leur dos, des filles en *salwar kameez*[37] pastels sirotent des milk-shakes, rigolant et taquinant des garçons aux joues duvetées assis à la table voisine. La scène pourrait se passer n'importe où dans le monde, moments heureux après l'école, mais après dix jours de villes délabrées et de villages baignant dans une pauvreté abjecte, le contraste frappe.

Je commande un burger au poulet, on me sert un burger au poulet. Mais le poulet marine dans le piment. Pour l'espoir, on repassera. Je suppose que même McDonald's s'adapte, peu importe.

---

37. Vêtement traditionnel unisexe, composé d'une chemise et d'un pantalon amples.

Plusieurs milliards de gens ne vivent que de riz, alors pourquoi pas moi.

8 novembre

Enfin, l'aéroport de Bombay ! L'ultime épreuve consiste à trouver – ou à fabriquer – une boîte pour Pégase. Contrairement à tous les autres pays que j'ai traversés, même un simple carton usagé possède plusieurs vies en Inde. On ne se contente pas de jeter puis d'oublier, il est donc peu probable que l'on m'en donne un gratuitement. Par chance, je tombe sur une boutique qui vend des emballages d'occasion dans les bidonvilles bordant l'aéroport. Du sol au plafond, les murs sales du minuscule local débordent de piles de cartons compressés. J'en achète dix parmi les plus grands et assemble une boîte à vélo géante à l'aide de trois rouleaux d'adhésif. Toute esthétique superflue. Je lui demande juste de tenir le coup pendant le vol – Pakistan, Afghanistan et Iran, trois pays que je ne pouvais traverser en tant que femme seule – jusqu'en Turquie.

Nicola repart pour l'Italie demain, nous fêtons donc notre dernière soirée ensemble autour de grillades. « *In bocca al lupo.* » Il m'embrasse chaque joue et me serre fort. « À très vite, à Naples. »

Je découvre une longue file de passagers qui attend d'entrer dans l'aéroport. Pour ce faire, chacun de nous doit présenter passeport et billet, je scanne donc le ticket électronique de mon smartphone. Refus du garde. Apparemment, seul un imprimé fait foi.

« Je suis désolée, mais je fais comment pour prendre mon vol ? » Le fonctionnaire teigneux aboie les mêmes ordres à d'autres passagers frustrés.

« Madame, vous devez attendre l'ouverture de l'enregistrement. Là, quelqu'un de la compagnie imprimera votre billet et vous conduira à l'intérieur. »

J'espérais dormir un peu sur un coin de chaise dans le bâtiment. Il est 23 h 30 : mon check-in n'ouvrira pas avant deux heures.

« Donc je fais quoi maintenant ? » Mon énervement atteint désormais celui du type. Deux teigneux symétriques.

« Allez en salle d'attente », m'ordonne-t-il carrément.

« Génial. C'est où ? »

« Au bout du bâtiment, après toutes les portes. »

Je suis ses instructions et promène le sarcophage de Pégase jusqu'au bout du terminal. En fait, la salle d'attente coïncide purement et simplement avec la fin de la route. Des gens, des chariots, des bagages, tout s'agglutine sur le trottoir. Je rêvais d'un siège confortable, l'affaire est réglée. Eh oui, avais-je oublié ? Je suis toujours en Inde. Ici, tant que ce n'est pas fini, ce n'est pas fini. Je dégote un bout de trottoir vide et m'affale contre le mur pour patienter avec la foule. Face à moi, un couple pique-nique. *Dahl* et *chapatis*[38]. Les familles se mettent à causer. Les *chaiwallahs*[39] circulent avec leurs marmites de thé sucré et épicé. Des patrouilles de soldats vont et viennent, chiens renifleurs en laisse.

Je somnole, une main sur Pégase. Comme toujours.

---

38. *Dahl* : ragoût de lentilles. *Chapati* : galette de pain indien sans levain.
39. Vendeurs de thé ambulants.

Chapitre 11

DÉLICES TURCS

10 novembre

Salut à toi, ô plaisir de rouler ! Salut à toi, ô nourriture délicieuse, bon marché et XXL ! Salut à toi, ô Turquie tant attendue ! Dès mon arrivée, les Turcs se sont montrés aussi accueillants qu'éloignés des posts Facebook inquiets pour ma sécurité. Je reste abasourdie par cette croyance omniprésente que les femmes ne peuvent y voyager seules en toute sécurité.

J'ai atterri hier après-midi sous la pluie d'Ankara, et décidé de passer la nuit dans un hôtel voisin pour partir tôt ce matin. Il pleut encore des seaux lorsque j'émerge à 7 heures, mais inutile d'en faire une excuse pour traîner. Et inutile d'essayer de faire durer la pluie.

J'ai perdu deux kilos en Inde, et je me sens aussi émaciée que j'en ai l'air. Afin de me refaire après deux semaines de privation, je deviens dingue de bouffe. L'hôtel ne paie pas de mine, mais son petit déjeuner s'avère un festin inattendu : soupe, plateau de fromages, légumes frais, olives, houmous, œufs et cornichons, miel et pain chaud. Tout comme ses voisins méditerranéens, le climat turc contribue au raffinement de sa gastronomie. Tomates sucrées, olives charnues et plus grosses que le pouce, herbes fraîches à profusion ou variétés de fromages de chèvre, tout m'incite à manger encore et encore.

Le froid et la pluie compliquent le pilotage. Une fois de plus, les routes deviennent des rivières qui masquent les obstacles. En sortant d'Ankara, je heurte ainsi un énorme trou d'évacuation, mes deux bidons s'envolent au milieu du trafic hurlant et je tire un trait dessus. C'est un vrai miracle que ma jante avant ne soit pas tordue. Un œuf violet gonfle bientôt à l'endroit où mon tibia s'est écrabouillé contre la pédale. Alors que j'atteins seulement la banlieue sud, la pluie m'a définitivement trempée, le froid me transperce et mes tripes ressemblent à des surgelés. Une seule chose à faire : battre en retraite jusqu'au restaurant le plus proche, m'appliquer à engloutir un deuxième petit déjeuner.

Après avoir ôté mes gants dégoulinants, je les dépose sur un radiateur pour les faire sécher et prends tranquillement le chemin des toilettes pour changer mes chaussettes. Une étrange odeur de brûlé me chatouille les narines en revenant ; mes gants fument. Le serveur le remarque aussi et désigne frénétiquement le radiateur. Je peux me précipiter, le mal est fait. Des trous géants ornent la paire carbonisée. *Bien joué, Juliana. Du grand art.*

Inutile, et surtout trop tard pour pleurnicher. Une bonne tartine bien au chaud, rien de mieux pour adoucir le deuil de mes gants. Rien de pire pour oser retourner dehors. Je me traîne – rageant et tapant du pied dans ma tête – en pleine tempête. Comme lançait Hendri chaque fois qu'il affrontait une journée particulièrement difficile en expédition : « Encore plus dur, s'il vous plaît ! »

11 novembre

Contrairement au peuple turc, les chiens turcs sont résolument hostiles. Rectification : les lions turcs. Semeurs d'effroi, crocs démesurés et faim plus démesurée encore, vous voyez le topo ? Alors que je regarde en arrière, j'aperçois cinq cents mètres plus bas une bande de quinze molosses du type local – massif, sauvage, blanc, et mort de faim – se ruer vers moi et grimper la colline. Je vois déjà leurs crocs.

« Nannnnnn... » Je pleure de panique, figée par le choc et parvenant à peine à gérer ma respiration.

Rien de tel qu'être prise en chasse pour faire monter l'adrénaline. Je lâche toutes mes forces à pédaler en montée comme un lapin traqué dont le cœur explose, littéralement terrorisée pour ma vie et mon intégrité physique. Les chiens ne voient rien de plus en moi qu'un steak géant sur roues, pas de doute là-dessus. Mètre après mètre, ils gagnent du terrain avec une coordination stratégique proche de la meute de loups. Certains courent de front, vraisemblablement pour saisir ma roue avant, tandis que le reste maintient l'allure jusqu'à m'encercler. La mort par le chien : ça n'est pas ce que j'avais prévu. *Alors pédale, putain, pédale !*

À cet instant précis, un coup de klaxon retentit derrière moi et je me retourne pour voir une voiture foncer dans le tas. L'un des monstres hurle alors que le véhicule l'explose, pendant que les autres bondissent hors de la route. Je continue de pédaler au milieu jusqu'à ce que le conducteur s'arrête à ma hauteur, faisant ainsi barrière entre moi et les chiens. Ces derniers ne cessent d'aboyer et de claquer des crocs, pendant que le chauffeur garde la main sur le klaxon.

Je gravis la bosse et redescends à toute vitesse de l'autre côté, voyant la meute qui abandonne au loin. Aujourd'hui je ne meurs pas, un jour de gagné pour pédaler. L'homme s'en retourne après m'avoir adressé un signe de la main. Pouce levé, emplie de gratitude, je songe une fois de plus à toutes ces interventions providentielles. Seigneur, bénis soient mes anges de la route.

Le choc a tout de même produit son effet. Encore ébranlée, je m'arrête pour déjeuner tardivement dans un petit restaurant près d'une station-service. Dès que je franchis la porte, le propriétaire et son fils semblent aux anges : tapis rouge et petits soins pour la reine de la route. Il n'y a surtout que moi dans l'établissement. Qu'est-ce qu'une femme seule à vélo peut donc bien faire par ici ? Leur curiosité tombe sous le sens, aussi je leur raconte tout du monde vu depuis une bicyclette. Nous nous comprenons parfaitement malgré une succession de charades, puisqu'ils ne parlent pas plus de cinq mots d'anglais et que mon turc est pire. Merci à mes années italiennes pour leur formation accélérée en communication gestuelle, aussi quotidienne là-bas qu'indispensable autour du monde.

Ils veulent savoir ce que je pense de la Turquie.

La nourriture : exquise. Les Turcs : merveilleux. Mais les chiens. Ah non, les chiens, mais les chiens ! Laissez-moi vous dire, tiens je vais même vous raconter. Je mime (gesticule) donc ma mésaventure avec sa dose de crescendo, jusqu'à la chute – l'automobiliste dynamite le peloton. Apparemment, mon public n'avait encore jamais rien entendu d'aussi drôle. Les deux s'esclaffent en tapant des mains sur la table.

« Sur le moment, ça n'était pas marrant du tout, croyez-moi », dis-je.

Après une telle course-poursuite, je dois sûrement mourir de faim ?

« Sacrément. Qu'est-ce que vous me conseillez ? » Je pointe une ligne du menu.

Pouce en l'air, moue approbatrice et validation de connaisseurs, ne manque que l'anglais qu'ils parviennent même à trouver : « *Good meat*[40]. »

« De quelle viande s'agit-il ? »

Leur perplexité rappelle la barrière du langage, alors nous revenons aux bonnes vieilles devinettes, effets sonores en sus.

« Meuuuuuh ? » Au moins je propose, deux doigts pour les cornes.

Ils secouent la tête.

J'essaie le poulet en gloussant bêtement.

Ils secouent encore plus la tête.

« Bêêêêêh ? »

« *Yes! Yes!* »

Quelques minutes plus tard, je me régale d'un ragoût d'agneau bien gras, de pain croustillant et de beaucoup de fromage.

On surestime beaucoup le langage.

14 novembre

Aride, la Turquie centrale alterne des montées et des descentes modérées, mais étendues. Si la monotonie guette, l'autoroute au moins est ponctuée de stations-service. Chaque fois

40. *Très bon !*

que je m'arrête, je trouve un employé qui m'attend devant les toilettes avec une tasse de thé brûlant ; ce qui m'aide à rester bien hydratée. Trop, même. Je dois stopper dans les toilettes d'après, on m'y offre un nouveau thé. Je bois le thé... et ainsi de suite.

Mes pneus atteignent leurs limites. Ils datent du Nullarbor Australien et depuis, j'ai pédalé 6 500 kilomètres. Il serait illusoire de miser sur un magasin de vélo avant Istanbul, je pédale donc comme une prière ininterrompue depuis Ankara, espérant que rien de sérieux ne se produise. À pneus usés, crevaisons facilitées comme celle d'hier. Ce matin au réveil, c'était au tour de mon autre pneu. J'ai bien acheté quelques chambres de rechange à Bangkok, mais je viens d'utiliser la dernière ; quant aux rustines, j'en déborde, mais toujours pas de colle. Ma prière fait donc *pschitt* en même temps que mon pneu arrière après seulement 50 kilomètres ce matin – et mon effroi grimpe en flèche. La bonne nouvelle, c'est cette station-service à deux pas. Je pousse Pégase jusqu'au restaurant abandonné qui la jouxte et trois employés de la station m'entourent instantanément. Visiblement, je représente un haut potentiel de diversion à leur ennui profond, il se pourrait même que j'exauce enfin leurs vœux. Rester assis, dans une boutique vide, au bord d'une route vide, et au milieu du néant : activité professionnelle possiblement lassante. Peut-être peuvent-ils m'aider ?

Je retourne Pégase pour l'installer côté selle, démonte roue, pneu et chambre, et leur montre mes rustines. Ensuite, place au langage des signes pour signifier que « je cherche de la colle pour les poser ». Un gars part en courant vers son bureau et en revient avec un tube de Super Glue. Non. Je secoue la tête en désignant le caoutchouc et une conversation animée s'engage entre les trois hommes. Finalement, l'un d'entre eux m'invite des deux mains à attendre ici – comme si je risquais de repartir –, saute dans une voiture rouillée aux roues dépareillées et s'éloigne en fonçant sur la route.

J'attends. Bois du thé. Mange des loukoums. Rebois du thé. Re-attends. Trois quarts d'heure passent ainsi lorsque j'aperçois la voiture qui revient au loin, s'approche et freine au dernier moment pour braquer d'un coup vers la station. Le type jaillit en brandissant un gros pot de gelée bleue. Il est totalement euphorique. Avec *ça*, tu vas voir ! m'assure-t-il avec passion, hochant la tête et les deux pouces en l'air.

À ce stade, je veux bien tout essayer. La rustine se met bien en place, la colle sèche et semble tenir. Je gonfle. Ça tient toujours. Je remonte la roue, remercie les types, paie les types et quitte les types. Ça tient toujours.

Le truc visqueux bleu, c'est *la* colle turque. Vous saviez, vous ?

15 novembre

Encore deux crevaisons aujourd'hui et toujours pas de magasin. Mes chambres à air sont à l'état de mosaïque – cent pour cent rustines. Les routes particulièrement accidentées meurtrissent les fesses, mais encore plus les pneus. Plus grave, ma pédale droite n'arrête pas de se démonter : même en place, elle produit un bruit de claquement effrayant, car son filetage est usé, je crains donc de devoir changer l'intégralité de la manivelle. Un rayon de roue arrière s'est brisé et les vitesses recommencent à sauter. Pégase est fatigué. Il lui faut une révision, et des vacances.

16 novembre

Ce soir, je pénètre, émerveillée, dans un petit bijou du littoral qui s'appelle Ayvacık, et déniche une charmante *pensione*[41] en bois et en pierre juste au bord de l'eau. Alors que je m'assieds enfin pour voir le soleil s'enfoncer dans l'Égée, le ciel s'enflamme jusqu'à vibrer de reflets pourpres et dorés.

Il me revient à l'esprit que la moitié de mon épuisement reste psychique, alors je laisse ce même esprit se reposer et méditer. Déambuler à sa guise. Tant que le mental tiendra, le corps suivra. À ce stade de mon tour du monde, la clef consiste précisément à garder les idées claires et éviter toute fatigue psychologique. Je reste convaincue que, quel que soit le challenge, la moitié de son résultat dépend de l'état d'esprit. Si je conserve ma capacité à sourire même du pire et demeure focalisée sur l'objectif ultime, le vrai, je sais que j'aurai de meilleures chances de triompher.

Pour affronter la douleur, l'adversité ou le stress d'une situation particulièrement pénible, l'un de mes mécanismes de survie réside dans le rire ; d'une diarrhée fulgurante à une tentative d'assassinat canine. L'humour possède ce pouvoir magique de dépasser la douleur sans la laisser vous blesser réellement. Parade et transcendance, un coup d'avance. Si elle constitue une partie inévitable de la vie, cette douleur marque

41. Auberge italienne bon marché.

toutefois certains êtres plus que d'autres. Leur visage en est enduit comme d'un fard épais. Vous pourriez en lire chaque récit dans une ride, un regard ou un geste, telle une bouffée de tristesse que l'on étouffe au son d'une chanson, ou l'effluve persistant d'un parfum sur l'oreiller. Quel beau visage que celui de la personne éprouvée par la douleur, mais sur lequel elle a n'a laissé aucune trace.

Un vieux monsieur jovial partage le banc à mes côtés. Sa bonhommie me rappelle mon oncle, barbe blanche et joues roses, l'âge imprimant comme un sourire éternel sur chacun de ses traits. Il semble en totale harmonie avec le monde et lui-même. De temps en temps, regard au loin, l'homme se caresse la moustache en souriant. Je me demande quels souvenirs heureux peuvent bien chahuter derrière cette joie paisible. On le dirait même en pleine conversation avec un être invisible, tant son visage et ses yeux s'animent. Sans aucun doute, ce monsieur connaît un ou deux trucs sur le bonheur et l'art de débusquer des moments de beauté. Comment y demeurer ensuite, heureux et à jamais.

18 novembre

Çanakkale est la ville la plus proche du site historique de Troie. Tel un titan de bardeaux, l'immense cheval de bois du blockbuster hollywoodien se dresse sur la plage, veillant la côte. Je passe la nuit chez Tolga, photographe et historien local qui possède une connaissance encyclopédique de l'Antiquité. Lorsqu'elle a appris que je passerais dans le coin, une Turque que je connais depuis l'Ouganda a prévenu ses amis à travers tout le pays. Tolga en fait partie et je l'aime immédiatement. Petit, rond et chauve, un sourire enjoué égaie ses yeux noirs et rêveurs. Les murs de son modeste appartement sont recouverts de cartes, chronologies et autres symboles antédiluviens – et des graffitis de sa fille de cinq ans.

Comme la plupart des encyclopédies humaines, Tolga contient tellement de données qu'une fois la conversation lancée, le flux de datas ne s'arrête plus. Il rapporte des bières et une bouteille de raki, alcool national anisé semblable à la *grappa* italienne. Nous bavardons (Tolga parle et moi j'écoute) jusqu'au lever du jour. Bien trop passionnant pour envisager d'aller dormir.

19 novembre

L'hospitalité de Tolga est un cadeau, mais je n'aurais jamais dû me coucher aussi tard. Je regrette bientôt notre fin de soirée au fil de montées interminables, ponctuées de trop rares descentes. Mes muscles n'y arrivent pas. Je n'y arrive pas. Je me traîne, mais restons positifs : pluie-crevaisons-chiens : 0.

21 novembre

Avant l'Inde, je pensais que la circulation à Naples était *mauvaise*. En Inde, je pensais avoir découvert le pire. Mais tout peut *toujours* empirer. Et après l'Inde, je traverse la Turquie. Carrefour historique entre l'Europe et l'Asie, Istanbul établit un nouveau record de démence motorisée. Tout bien réfléchi, c'est peut-être la ville la plus bordélique que j'ai traversée de ma vie. Aucun autre vélo ? Le contraire serait une aberration.

Qui dit traverser la cité dit passer d'est en ouest, dit traverser le Bosphore. Dit choisir l'un des deux ponts – tous deux des autoroutes. Qui dit pouvoir raconter votre histoire de vélo à Istanbul dit que vous avez survécu – à l'autoroute. Vous pourriez même y trouver la foi. Le plus convaincu des athées priera pour sa survie. L'agnostique sévère en appellera à Dieu pour rester entier, en essayant de naviguer entre chiens et trafic. Pile ou face : molosses enragés ou tarés du volant ? Hargneux ou frénétiques ? Imprudents cyclistes, oubliez de choisir. Les deux vous veulent du mal.

J'atteins la marina sud-ouest au moment où le soleil se couche. Un autre ami Facebook m'a offert l'hospitalité, et sa famille a préparé un festin en mon honneur. Les plats défilent sans fin ; j'en reconnais quelques-uns, identifie une moussaka, mais la plupart me sont nouveaux. En résumé, je mange. Mange et remange jusqu'à ce que j'estime toucher aux limites de l'humain. Mais ce serait sans compter avec le menu, et donc le dessert : glace, thé, loukoum. Ils semblent bien décidés à me nourrir toute la nuit, jusqu'à ce que j'insiste délicatement pour aller me coucher, départ matinal de rigueur.

23 novembre

À l'approche de la frontière grecque, nouvelle crevaison. Mais cette fois au moins, j'ai acheté des chambres de rechange dans un petit magasin de vélos stambouliote lors de ma traversée de tous les dangers. Pour la nouvelle paire de pneus et la révision, on attendra. Les deux douaniers turcs s'avèrent charmants et nous accomplissons le Rite du Selfie à tour de rôle. Ils m'offrent même une rose rouge, et m'escortent avec tous les honneurs hors de leur fabuleux pays.

J'ai adoré la Turquie, ses gens et sa gastronomie. Je reviendrai. C'est sûr.

Chapitre 12

UNE ROUTE SANS FIN

23 novembre

Derrière sa fenêtre, ce douanier grec semble sincèrement heureux de m'accueillir. Je suis née à Rafina, petite ville de la banlieue athénienne, et visiblement cela me hisse au grade de compatriote honoraire. Le garde désire connaître mon projet et sa direction. Sa curiosité marque le début d'une longue conversation au sujet du vélo, ainsi qu'une invitation à la poursuivre au café, car il s'apprêtait à déjeuner.

Miracle. Enfin le premier *espresso* décent que je bois depuis très longtemps, un tel moment de grâce suivi d'un second. La suite ne me le fera pas regretter. Le relief grec force le respect. Montagnes abruptes, ascensions interminables, la topographie sollicite à la fois l'endurance et la force. À force de continuité, montées et descentes paraissent se fondre en une oscillation intense. Les heures défilent, mais le temps reste de plomb. L'heure pour moi de disparaître. Dilution dans la pensée, fondu enchaîné, je me retire en moi-même.

Après quatre mois en boucle, mes playlists musicales me lassent et je préfère désormais pédaler en silence lorsque je n'écoute pas de livre audio (le dernier – *À l'estomac* de Chuck Palahniuk – m'a tellement perturbée que je n'ai rien vu de la journée). Les gens me demandent régulièrement à quoi je peux bien penser chaque jour sur mon vélo : il m'arrive d'errer dans les couloirs de ma tête pendant des heures, mais le plus souvent, il s'agit moins d'un flux constant de réflexions que d'un arrêt complet de la pensée. La route se fait alors méditation, moment de silence intérieur absolu.

Après une nouvelle crevaison vers Xánthi, mon démonte-pneu casse alors que j'essaie de changer la chambre. J'en suis réduite à marcher 10 kilomètres jusqu'à la ville et sa haie d'honneur de chiens hurlants. Une Grecque épaisse surgit d'une ferme en aboyant elle aussi, brandissant une grosse trique qu'elle écrase sur le croupion d'un des clébards. Effet garanti. Vu le glapissement et la fuite enchaînée, les autres s'arrêtent, solidaires, mais surtout incertains. La matrone continue de faire barrage tandis que je bats en retraite avec gratitude.

En pénétrant dans Xánthi, je suis tellement anéantie que je ne prends même pas la peine de manger. Juste dormir, s'il vous plaît. Chacun de mes membres pèse sa tonne de fatigue. Mon esprit n'en peut plus et mon corps frôle le minéral. Se lever le matin devient un rituel laborieux consistant en deux étapes. 1) Sortir du lit. 2) Monter sur le vélo. Un matin de plus à me le dire : *Allez, feignasse, maintenant tu connais le job. Ça ira mieux une fois que tu auras commencé. Si tu ne pédales pas aujourd'hui, tu ne rentres pas chez toi. Alors, bouge.*

Si tout se passe bien, je devrais être à la maison dans un mois. Beaucoup de choses peuvent se passer en un mois.

24 novembre

Il m'a fallu une heure pour changer la chambre à air ce matin. J'ai dû utiliser la lame d'un couteau comme levier de fortune tellement mes mains s'affaiblissent – je peux à peine tenir une fourchette entre le pouce et l'index. Il faudrait que je consulte le record Guinness du plus grand nombre de crevaisons au cours d'un voyage, j'ai mes chances. Pégase en comptabilise déjà vingt-six. Au moins, le vent me porte aujourd'hui et j'arrive à parcourir les 225 kilomètres jusqu'à Thessalonique sans autre arrêt.

Tous les hébergements affichent complet, car une sorte de foire se tient dans la ville. Je mets plusieurs heures à essayer de trouver un lit – le pire après une longue étape. Dans un tel état de fatigue, passer un temps précieux à *chercher* où dormir au lieu de *dormir* suffit à vous faire craquer et fondre en larmes. Je suis désespérée. Je suis épuisée. Et pour boucler la boucle, mes règles ont débuté.

Un néon rouge surplombe un sex-shop dont une ampoule rose éclaire l'entrée. « Chambres » : je n'ai besoin que de cela. Peu m'importe où je dors pourvu qu'il y ait un lit et un peu de calme. Je dois récupérer un maximum cette nuit, mais le programme diffère dans la chambre voisine. Impossible de fermer l'œil sous de tels cris et gémissements. Franchement, une femme aussi bruyante ne peut que simuler.

25 novembre

Je me réveille après cette nuit houleuse pour découvrir que le pneu arrière est de nouveau à plat. Cette fois ça suffit, mon pauvre Pégase agonise sous mes yeux. Je lui promets depuis des lustres une révision qui n'arrive jamais, alors je me débrouille pour trouver un grand magasin de vélos et demande au mécanicien de remplacer pneus, chaîne, pédales et manivelles. Ainsi équipés, nous devrions être parés pour les 4 200 derniers kilomètres jusqu'à Naples.

La route de l'ouest vers Ioánnina serpente en une longue ascension – près de 100 kilomètres de montée – jusqu'à un col. La vallée s'éloigne en contrebas, ses villes devenant peu à peu des taches jusqu'à disparaître complètement. Les heures défilent ainsi dans un silence paisible, seulement ponctué par quelques chants d'oiseaux ou de grillons et mon souffle régulier. D'épais nuages blancs enveloppent les cimes, mais à mesure que j'atteins le col, je commence à les voir se répandre, tout autour puis bientôt en dessous de moi, comme une douce couverture neigeuse sur les sommets moins hauts. Là-haut, rien que du bleu. Ciel d'azur sur nuages blancs, horizon sur monde d'en bas. C'est une sensation étrange, comme s'élever au ciel jusqu'à plonger dans un autre monde. Le déjà-vu m'envoûte comme si je connaissais ce lieu.

Enfant, plusieurs de mes rêves revenaient fréquemment. La plupart des nuits, des monstres me pourchassaient. Inutile de courir ou même d'essayer, toute fuite était condamnée, mes jambes pesant comme prises dans la boue. Les créatures se rapprochaient à tel point que c'est leur souffle sur mon dos qui me réveillait. Lorsqu'ils parvenaient à me rattraper, je pouvais même sentir la mort me pénétrer jusqu'à me tirer du sommeil. Avec le temps, j'appris à m'en extraire en me réveillant juste avant qu'ils ne m'atteignent. En revanche, mes journées restaient peuplées de monstres. Et à ceux-là, impossible d'échapper.

L'un de ces rêves était différent et, de par sa nature et sa régularité, je le porte toujours en moi. Tout débuta par un premier songe. Petite fille de cinq ans, je marchais avec mon père, ma main enveloppée dans la sienne. « Je vais te montrer quelque chose », me disait-il tout en me conduisant dans le dédale sombre d'un bidonville, vraisemblablement l'un des pays où nous vivions ; Philippines ou Sri Lanka, peut-être. Au détour de l'une des ruelles sales, nous débouchions dans une impasse où trônait un long escalier de béton, menant vers un endroit inconnu. Nous montions les marches ensemble, ma main serrant toujours la sienne, mes yeux ne réussissant toujours pas à discerner notre but. C'est alors que sans vraiment comprendre comment, les escaliers s'achevaient : soudain, nous étions dans un autre monde. Un monde plus beau que tout ce que j'avais jamais vu. Des fleurs aux mille couleurs s'étalaient à perte de vue, embaumant l'air frais. Le bleu du ciel était si profond qu'il en devenait presque violet. L'univers tout entier baignait d'une lumière dorée, malgré l'absence de soleil visible. Mes sens vibraient d'odeurs, de couleurs et de sensations totalement neuves pour moi. Euphorique, je lâchais la main de mon père et partais en piaillant à travers les champs arc-en-ciel. Absolument heureuse, absolument libre. Oublié, notre monde d'en bas. Ici et nulle part ailleurs, je voulais demeurer pour la vie.

Les rêves se succédèrent, mais mon père disparut, et plus une seule fois je ne réussis à pénétrer de nouveau ce lieu magique. Désormais seule, je cherchais le mystérieux escalier en courant désespérément dans des rues sans issue encombrées par la foule, le trafic et les obstacles. Parfois, je sentais clairement une menace à mes trousses, indescriptible ; à d'autres moments, je me retrouvais projetée en pleine scène de guerre, esquivant balles et explosions. Affamée, épuisée et en sueur, je n'abandonnais pourtant pas. Il me fallait retrouver les marches pour réintégrer cet Éden, franchir la porte avant que l'escalier ne s'efface à jamais de mes rêves. Mon Shangri-La[42] secret ne pouvait disparaître ainsi. Il m'arriva de trouver l'accès, mais jamais plus je ne parvins à grimper au sommet et à revoir ce bel endroit.

Et m'y voici maintenant, sans même le chercher ! Aucun doute : c'est ici ! Ce même sentiment d'exaltation totale et de joie me submerge. J'ai envie de pleurer et de rire en même temps. Après tant d'années de quête, le chemin du retour restait écrit au plus profond de moi, mais enseveli sous des monceaux de lutte, de souffrance et de chagrin. Aujourd'hui, le hasard nous remet face à face, et maintenant je comprends. Nul besoin d'escalier pour atteindre ce lieu de plénitude suprême. N'importe où, n'importe quand : je peux le faire.

Les mots de Joseph Campbell me reviennent alors : « Trouve en toi l'endroit où est la joie, et la joie vaincra la douleur. »

Aujourd'hui, j'ai trouvé cet endroit.

42. Lamaserie utopique située aux confins du Tibet, lieu imaginaire décrit dans le roman *Les Horizons Perdus* (James Hilton, 1933), puis dans son adaptation cinématographique (Frank Capra, 1937).

27 novembre

Je traverse la frontière albanaise juste avant sa fermeture à 20 heures. La campagne défile, majestueuse, souvent inhabitée et très montagneuse. Je ne croise rien d'autre qu'une nature sauvage, à l'exception de rares petits villages, et d'une ou deux villes dispersées.

L'hiver s'installe, les jours ont nettement raccourci, et la nuit se referme sur moi avant d'avoir pu atteindre Sarandë, 20 kilomètres seulement après la frontière. Et puis je stoppe net : sous les reflets de ma lampe, des centaines d'yeux brillants me fixent. Bien flippant. Le film *Black Sheep*[43] me vient soudain en tête. Je traverse lentement le troupeau de moutons et sens leurs regards dans mon dos.

Même à pleine puissance, mon phare ne pénètre plus l'obscurité. Mais il y a les étoiles – une voûte grandiose, démesurée d'étoiles. Et dire que la moindre de ces infimes taches scintillantes, si lointaines, renferme un immense globe de gaz ardent capable d'anéantir notre planète. Je ne peux m'empêcher de penser qu'avec notre conscience boursouflée de nous-mêmes, nous ne représentons pourtant que des particules infinitésimales d'un cosmos, et que les *choses* qui meublent nos vies perdent tout sens lorsqu'on les passe au filtre de l'éternité. Changement de prisme, rien qu'une seconde pour prendre conscience de l'ampleur du décalage : *nous* ne sommes rien d'autre que des organismes minuscules et insignifiants convaincus d'occuper le centre de l'univers.

---

43. Film d'horreur néo-zélandais (2006), ou quand des moutons génétiquement modifiés se transforment en prédateurs sanglants, et que les humains mutent… en moutons.

Pire, de constituer ce centre. À quel point la race humaine est-elle ridicule ? À quel point suis-je ridicule ? Tout bonnement insignifiants. Ainsi soient-ils, eux, *nous* tous. Avec mon tour du monde à vélo, je reste insignifiante. L'univers se portait très bien et il continuera, même après ma brève prise de conscience.

Et cependant, il se pourrait bien qu'inconsciemment, telle fût l'une des nombreuses raisons pour lesquelles je suis partie. Pour honorer l'invraisemblance de cette existence. Célébrer l'improbable. Imprimer ma trace dans le béton, comme un homme des cavernes figeant son passage au mur d'une grotte. Créer un héritage, quelque chose qui nous survivra ; et si c'était tout ce que nous recherchions fondamentalement ? Les gens font des enfants, écrivent, composent ou peignent afin de pouvoir témoigner. Laisser derrière eux quelque chose qui dise : *contre toute attente, j'étais là. Rien qu'un bref instant, j'ai existé.*

28 novembre

Aujourd'hui, rien n'est simple, à commencer par cette montagne. Nous y voici donc : la plus dure, la plus longue et la plus escarpée que j'ai rencontrée à ce jour, à peine sortie de la petite ville maritime de Kondraq. L'effort est si intense et le vélo si lourd que je dois même descendre et marcher en partie. À l'approche du sommet, au milieu d'une série de lacets, des vents violents surgissent pour me fouetter, puis c'est la pluie et le brouillard qui s'en mêlent. Je m'arrête au restaurant d'altitude pour me sécher et me réchauffer. Dehors, ça ne s'arrange pas, le vent hurle toujours et les nuages tourbillonnent en masse. Il faut bien plusieurs heures et autant de plats pour trouver le courage d'y retourner.

Mais la descente s'avère encore plus éprouvante que l'ascension. La visibilité n'excède pas quelques mètres et de puissantes rafales bringuebalent Pégase de chaque côté. Aucun rail de sécurité. Mon imagination commence à faire des heures sup' dans un scénario aérien – Pégase et moi, unis pour le Grand Vol Plané. Le vent me cogne si fort et propulse une pluie comme mille aiguillons acérés qu'il devient même exclu de pédaler pendant de longs moments. Au final, descendre prend presque autant de temps que grimper.

Enfin de retour sur le plat, gagner Vlorë reste une mission. Je lutte kilomètre par kilomètre en plein vent de face alors que la pluie, elle, n'a pas diminué d'un pouce. J'atteins finalement sa périphérie et décrète être définitivement trop mouillée et mentalement essorée pour poursuivre. Aujourd'hui, je n'ai parcouru que 120 kilomètres, soit un peu plus de la moitié de ma distance normale.

Une belle surprise m'attend toutefois. Après une semaine à mes côtés en Inde, Nicola a pris le ferry depuis l'Italie avec une autre amie, Angela. Retrouver des visages chers reste un plaisir rare. Nous partageons une chambre à vingt-cinq dollars dans un hôtel discret, nous empiffrons de steak frites et buvons de la bière. Bien que j'apprécie ma solitude sur la route, je dois admettre que la compagnie des autres m'a manqué. Peu importe de quoi, trop c'est trop. Même de solitude.

29 novembre

« Tu y es presque ! » Nicola m'encourage en me serrant dans ses bras avec Angela après un dernier déjeuner ensemble, non loin de la frontière Albanie-Monténégro. « Les gens commencent à s'exciter maintenant que tu es presque de retour en Italie. On va organiser une fête de dingue pour ton arrivée. Moins de 2 600, c'est du gâteau ! »

Il a raison. Après 25 800 kilomètres, 2 580, j'aime bien. Si j'arrive à tenir ma moyenne de 200 par jour, je devrais être rentrée à temps pour Noël. Ma sœur Lily vient passer ses vacances avec Antonio et moi. Je sais que je vais manger, puis manger, voire encore manger, comme si chaque aliment arrivait à péremption le lendemain.

30 novembre

Je suis bloquée à la frontière pendant deux heures sous une averse de grêle. Le mauvais temps franchit la douane avec moi vers le Monténégro, où, pour la deuxième fois en trois jours, je dois stopper plus tôt que prévu afin de me sécher et me nettoyer. Alors que je m'enregistre dans un hôtel pas cher de Podgorica, je me connecte au Web et apprends une terrible nouvelle. Un camion a renversé mon ami Jesse, qui m'avait hébergée à Brisbane. L'accident s'est produit sur la Gold Coast, la route que nous parcourions ensemble tout récemment. J'envoie un message à sa femme Maria, qui m'informe que Jesse est toujours à l'hôpital et vient de sortir du coma.

« C'est tellement ironique, écrit-elle. Tu fais le tour du monde à vélo en traversant les pays les plus dangereux, comme l'Inde, et rien ne t'arrive, pendant que lui prend la route du boulot, la même que tous les jours, et ça arrive. »

Je partage à tel point son sentiment que je me sens presque coupable d'être encore indemne. La pluie continue de battre la vitre, je m'assieds sur le lit en mastiquant une poignée de cacahuètes, et songe à toute l'ironie dont la vie est capable. L'univers règle nos vies à coups de lois fondamentales, ces constantes dont tout dépend avec leur prévisibilité confortable. Il nous plaît de croire que nous conservons un semblant de contrôle sur nos existences, ou qu'un plus grand pouvoir les organise. Peu importe : du moment que nous pouvons attribuer un sens à tout ce qui nous arrive. Nous rassurer en sachant qu'un objectif plus grand nous dépasse, qu'il explique toute la souffrance et la douleur, que quelque chose justifie les inégalités que nous constatons chaque jour dans le monde. Son asymétrie flagrante, ses déséquilibres. Il nous faut nous sentir en sécurité, protégés de toute funeste probabilité, aussi bâtissons-nous des existences illusoires dans lesquelles nous enfouissons la tête, comme un volatile célèbre.

C'est alors qu'un ingrédient totalement aléatoire se glisse dans la formule. Le genre de paramètre auquel rien ni personne n'avait pensé à nous préparer, et nous comprenons soudain qu'en dépit de toutes ses lois, son ordre, l'univers repose sur le chaos. Tous nos plans soigneusement élaborés deviennent caducs. Jamais cela ne m'a autant frappée qu'à la mort d'Hendri. Rappel douloureux que, face à nos doutes infinis, l'unique certitude demeure l'impermanence. Tout passe et rien ne dure, pas même la vie.

Connaissez-vous *The Bucket List* ? Dans ce film, deux hommes apprennent leur cancer en phase terminale et décident de réaliser leurs rêves avant de partir. Parce qu'ils savent qu'ils sont en train de mourir, ils réussissent à accomplir tout ce qu'ils redoutaient auparavant. Désormais, que pourrait-il leur arriver de pire ? Voyons la vérité en face. À l'instant de notre naissance, le compte à rebours commence jusqu'à l'inévitable. Tout ce dont nous disposons alors, c'est du temps ; or, même celui-ci reste illusoire. La seule chose qui *existe* concrètement demeure le présent. Éternel présent. Nous ne pouvons que vivre maintenant, aujourd'hui, cette heure, cette minute.

Hendri appelait ça « vivre la plus belle des journées » et en fit sa ligne de vie. Il ne fut pas un jour qu'il n'appliquât cette philosophie directrice. Hier appartient à hier et n'existe donc plus. Demain n'est pas encore advenu, et n'existe donc pas non plus. Aujourd'hui, tel est tout ce que nous vivrons, et cela en fait la plus belle des journées. Plus vite nous le comprendrons, plus tôt nous pourrons cesser de nous raccrocher aussi fermement à ce que nous estimons posséder. Cesser de thésauriser en vue d'un avenir inaccessible et commencer à vivre au présent. Parce que tout ce qui existe demeure *maintenant*. Cet instant, cette journée. Précisément.

5 décembre

Je suis à bout. Physiquement et mentalement. Des montagnes, j'en ai passé beaucoup, mais ces dernières m'ont paru interminables. Alors que j'attaque la dernière ascension difficile en Slovénie, à quelques kilomètres seulement de l'Italie, je pète complètement les plombs. Effondrement total, dépression nerveuse. Incapable de pédaler plus loin, je fonds en larmes au téléphone avec Antonio en répétant « Je ne peux pas, je ne peux pas, je ne peux pas. Impossible ».

Antonio s'inquiète. C'est la première fois qu'il m'entend prononcer le mot « impossible », il sait donc que ça doit être sérieux. « Ju, arrête. Juste pour aujourd'hui. Fais demi-tour, redescends et trouve un endroit pour te reposer. »

Rien que les sons « arrête » et « demi-tour » agissent comme du vinaigre sur une plaie. Tout sauf ça. Revenir en arrière n'a jamais été, et ne sera jamais une option. Comme le docteur Livingstone, « je suis [prête] à aller n'importe où, pourvu que ce soit en avant[44] ».

Arrête de chouiner, à la fin. Maintenant, je m'engueule pour de bon. *Il n'y a personne pour te ramener à la maison, et la seule façon de rentrer, c'est de te bouger. Alors bouge-toi !*

Je pousse mon vélo jusqu'à la fin de la côte, remonte en selle près du sommet et franchis la frontière avec Pégase. Victoire. Deux membres des Salvaiciclisti – ou « Sauvez les cyclistes » –, une association qui milite pour leurs droits sur la route, ont suivi mon voyage et m'attendent pour m'escorter jusqu'à Trieste. Italie, je reviens ! À peine sommes-nous arrivés en centre-ville, j'insiste pour m'arrêter dans un bar. Ô *espresso*, comme tu m'as manqué ! D'accord, pas du napolitain, mais tout de même du pas mauvais.

Mes deux compagnons m'hébergent pour la nuit, mais nous dînons d'abord avec d'autres cyclistes du groupe et

44. Explorateur britannique, notamment célèbre pour sa ténacité lors de ses recherches en Afrique.

je leur raconte l'intégralité de mon périple. À eux de m'avertir : la température s'apprête à chuter de façon spectaculaire et l'on attend même de la neige. Ayant principalement vécu sous des climats tropicaux, mon corps s'adapte mal au grand froid. Ajoutez-y l'absence d'équipement adapté à moins de 5 °C, et les réjouissances s'annoncent lugubres. Tout ce qu'il me reste à espérer, c'est que j'aurai dégagé à temps du nord de l'Italie avant que la neige ne commence à tomber.

8 décembre

Deux ans, jour pour jour. Il y a deux ans aujourd'hui, assise sur mon canapé, je déroulais mon fil d'actus Facebook. Soudain, j'apprenais la mort d'Hendri. Les jours suivants, incapable de croire à cette réalité, le choc dépassait tout. Quand je compris enfin que plus jamais je ne le reverrais, mon monde s'était obscurci. Impossible d'imaginer y vivre sans lui.

Je crois que certains êtres traversent nos existences dans un but. Présences de passage, ils ne peuvent demeurer longtemps, mais délivrent un effet à long terme. Pour moi, Hendri fut de ces êtres. Aujourd'hui, je suis à quelques semaines d'achever un tour du monde à vélo, une aventure que je n'aurais jamais cru possible il y a encore deux ans. Son paradoxe ne m'échappe pas. Si Hendri n'était pas mort, jamais je n'aurais accompli quelque chose d'aussi extrême. Jamais je n'aurais su ni même osé croire que j'avais la capacité de parcourir n'importe quelle distance à vélo, encore moins de faire le tour du monde. Sa mort a constitué le catalyseur pour propulser ma vie dans une direction différente. Semer les graines d'une passion nouvelle. Éveiller une soif d'expériences, de découvertes et de réalisation de soi.

Et pourtant, j'aimerais bien tout rembobiner. J'abandonnerais tout ce que j'ai vu, fait et vécu, juste pour le revoir une fois de plus, pour avoir une dernière conversation avec lui. De toutes mes forces, j'ai tenté de me raccrocher à sa mémoire, tenté de le garder en vie aussi longtemps que possible. Je pensais que si je n'acceptais pas sa mort, celle-ci n'existerait pas. Cette balade à vélo se fit autant voyage intérieur que périple physique, acte symbolique de libération, de lâcher-prise, de prise de conscience que la vie continue d'avancer, et moi avec.

Le plus beau de la vie ne dure pas. Cela fait partie de sa beauté. À vouloir prolonger quelque chose indéfiniment, sa puissance se diluerait. J'ai adoré Hendri. Nos moments partagés furent beaux, et le resteront à jamais. Le temps qui passe n'y fera rien. Mais le cycle de la vie continue et, avec la mort, naît le nouveau.

Le même jour de l'année dernière, j'ai pleuré, mais aujourd'hui je ne pleure pas. En fait, je ne pleure plus quand je pense à lui. Lorsque j'imagine son visage, il me sourit. Alors je chuchote les mots qu'il écrivait dans l'un de ses derniers articles, telle une prière :

Merci pour la pierre sur laquelle je m'endors.
Merci pour la paix que j'éprouve.
Merci pour la chance de vivre mes rêves.

Chapitre 13

L'IMPOSSIBLE RÊVE

9 décembre

Comme prévu, la neige est arrivée. Hier soir, quelques flocons légers commençaient à tomber alors que je pédalais vers une *pensione* d'Olmi, et je me réveille sous une averse soutenue. Une couverture blanche recouvre déjà la campagne, les flocons percent mes gants et mes chaussures. Le soleil finit par trouer le brouillard, mais cela n'y change pas grand-chose. J'ai beau porter trois paires de chaussettes et deux paires de gants, d'une façon ou d'une autre, l'humidité et le froid finissent par trouver leur chemin.

Lorsque le soleil brille, le froid reste à peu près tolérable. Mais les heures de clarté se font courtes, de plus en plus courtes. J'observe chaque crépuscule avec effroi. L'obscurité guette et tend ses pièges ; la glace noire des routes menace dangereusement, les températures chutent jusqu'à mordre. Je fais tout ce que je peux pour préserver un semblant de chaleur interne. Après la tombée de la nuit, je stoppe dans un café pour essayer de retrouver des sensations dans les extrémités. Me rappelant de l'efficacité du bourbon en Nouvelle-Zélande, je commande un verre de whisky.

« Whisky ? » répète le barman, pas sûr de m'avoir bien entendue.

« *Sì. Whisky. Fa freddo.* » Il fait froid.

Il sourit en haussant les épaules, sort un tumbler et le remplit à ras-bord – au moins trois verres. Je l'avale d'un trait.

« *Ancora ?* » Un autre ? Pointe d'admiration dans la voix.

Bon Dieu, pourquoi pas, tiens ? Au moins je roulerai heureuse et, espérons, anesthésiée. Il me sert le même verre. Bis.

« Santé. » Je lève mon verre et le siffle à nouveau. Une délicieuse chaleur irradie ma poitrine.

L'homme en reste si ébahi qu'il ne me compte que deux euros pour le tout, et me fait signe de partir. Rien à faire pour mes mains et mes pieds, toujours aussi glacés. En revanche, pour la première fois depuis que la neige a débuté, je pédale avec un soupçon de chaleur dans le cœur.

11 décembre

J'ai atteint le point d'épuisement total. Mon corps est prêt. Prêt à abandonner. Si je ne me retenais pas, je m'effondrerais maintenant. La température a chuté jusqu'à – 9 °C, le froid dévore le peu d'énergie qu'il me reste. Je mange toutes les deux heures rien que pour rester au chaud. Les rafales de vent me rongent le visage, mes lèvres craquellent. Du sang coule de mon nez et je ne peux m'empêcher de tousser. À cause du froid, mes mains ne sont qu'enflures et ampoules. Mes pieds ne me font plus souffrir : je ne les sens plus. Non, tout ce que je peux sentir, c'est une douleur sourde au plus profond de mes os, naviguant des chevilles jusqu'aux genoux.

Au lieu de suivre mon rythme habituel – un seul arrêt pour manger après 100 kilomètres –, je dois multiplier les pauses pour me réchauffer et refaire circuler le sang de mes membres. J'enchaîne les bars le long de la route, vidant des litres de doubles chocolats chauds et engloutissant tout ce qu'ils proposent : panini, *cornetti* au Nutella, tartes ou pâtisseries. C'est comme alimenter une chaudière qui s'éteint. Je m'adosse aux radiateurs, corps tremblant, lèvres bleues.

Je reste dans les temps pour terminer en 150 jours, mais tous ces arrêts me font perdre un temps précieux.

Quant à mes pieds, mieux vaut ne pas regarder lorsque j'ôte mes chaussures à la fin de la journée. Deux de mes orteils sont noirs, le reste rouge profond, le tout couvert d'engelures douloureuses et décoré d'ongles jaunes, définitivement morts. Ils recongèleront demain et les cloques vont grossir. Si je me rapproche du Sud sans trop tarder, là où il fait plus chaud, j'espère que les dégâts ne seront pas irréversibles.

Bob Marley aurait dit : « Vous ne savez pas à quel point vous êtes fort jusqu'à ce qu'être fort soit le seul choix qui vous reste. » J'ai atteint le vide. Je n'ai plus rien en moi. Mon corps devrait abandonner. Même ma volonté s'est évanouie. À un tel niveau d'épuisement physique et mental, la moindre colline ressemble à une montagne, la moindre rafale à une tornade. Tout me heurte. Il ne reste qu'environ 1 450 kilomètres, mais 14 500 reviendraient au même. Chaque jour vaut une semaine, chaque heure un jour. Je sais que c'est presque fini, mais aujourd'hui, j'ai bien l'impression que la fin n'existe pas. Chaque infime tracas prend des proportions insupportables, mais à l'idée de me rouler en boule et de sucer mon pouce en pleurant, je ne peux m'empêcher de sourire.

Peut-être que la seule chose qui me fait avancer désormais, c'est une ténacité bornée et stupide. *Ça*, il semblerait que j'en garde des tonnes en magasin.

À ce jour, beaucoup de gens m'ont écrit pour me complimenter sur ma force tout au long de cette aventure. Mais je ne suis pas forte. Je suis même le contraire. J'ai souffert d'une douleur sans nom. J'ai perdu tout ce que j'avais et les êtres que j'aimais le plus. Il y a eu des jours où la mort offrait un séduisant cadeau, lorsque continuer à vivre devenait le plus insupportable des fardeaux. Mais j'ai continué, simplement parce que je suis bornée. Quand la douleur se fait trop lourde, quand la fatigue m'empêche de poursuivre, ma ténacité et ma fierté prennent le relais. Elles me forcent à avancer, car abandonner définitivement serait encore plus difficile : si j'y cédais, jamais plus je ne me supporterais.

14 décembre

D'ici un jour ou deux, je devrais gagner Ancône, sur la côte est ; alors la température augmentera à chaque kilomètre vers le sud. Corps et âme, le soleil va changer la donne. Je retrouve l'accès à ma SIM personnelle et à un Wi-Fi rapide. Lire tous ces messages de soutien sur Facebook me regonfle le moral.

Étant plus souvent connectée désormais, des bribes de nouvelles du monde *réel* commencent à m'atteindre sur le chemin. Aujourd'hui, une terrible tragédie a eu lieu aux États-Unis. Un jeune homme a pénétré dans une école primaire et abattu vingt enfants et six enseignants. Tout le monde hurle la nécessité de réguler sévèrement les armes à feu, mais, même si j'en conviens, je ne peux m'empêcher de penser que les armes ne représentent pas le problème. La nature humaine, oui.

Faire le tour du monde m'a aidé à porter un nouveau regard sur notre planète, à remettre en doute les idées préconçues que je possédais sur moi-même, la société et les individus. Durant de longues années, j'ai souffert d'un sentiment de déconnexion aux autres, jamais capable de me défaire du sentiment de différence, de non-appartenance. J'en fus réduite à me couper de ce qui fait l'essence même de l'expérience humaine : l'autre. J'imagine que, poussé à l'extrême, c'est un sentiment semblable d'isolement qui force un jeune homme à entrer dans une école et se mettre à tuer.

Plus j'ai rencontré de personnes provenant d'horizons et de cultures différents, plus je les ai écoutées confier ce qui comptait réellement pour elles, et plus j'ai compris que malgré certaines divergences, nous demeurons tous fondamentalement liés. Essayer de comprendre, de trouver un but, poursuivre notre quête du bonheur : tel est ce qui nous réunit, toutes et tous, ici-bas. Cependant, au lieu de nous focaliser sur nos points communs, nous scrutons nos différences. Nous cloisonnons, jugeons, doutons. Entretenons un monde bipolaire occupé par « nous » et par « les autres ». Nous sommes bouffis de préjugés et de supériorité morale, divisés par la religion, la race, la croyance, la couleur, le statut social, la richesse, la pauvreté.

La semaine dernière, j'ai beaucoup écouté Charles Bukowski. Sans doute est-ce sa vision sombre et absurde de la nature humaine qui l'a conduit à la bouteille, mais son génie inadapté faisait souvent mouche. « Nous allons tous mourir, sans exception ! lance-t-il dans mes écouteurs. Quel cirque !

Rien que cela devrait nous pousser à nous aimer les uns les autres, mais il n'en est rien. Nous sommes terrorisés et écrabouillés par des futilités. Un rien nous bouffe. »

17 décembre

Les vents contraires et la pluie depuis Cerignola jusqu'à Specchia m'anéantissent. J'avais bien avancé sur la côte sud-est, poussée par un souffle continu dans mon dos. La route était plane et la température augmentait un peu plus chaque jour. Mais maintenant que j'ai obliqué vers les terres en direction de la côte ouest, puis de Naples, les vents reviennent m'affronter. *Presque arrivée, maintenant. Tu peux encaisser encore un peu plus. Rien qu'un peu plus.* Je me le répète sans cesse. Lorsque vous savez qu'une fin existe, vous pouvez tout endurer.

Antonio appelle pour m'apprendre qu'une énorme fête de bienvenue m'attend à Naples. Je sais qu'il fait tout pour que je reste concentrée sur cette ligne d'arrivée. Il entend bien que je m'étiole chaque jour un peu plus lorsqu'il appelle. Même exténuée, j'imagine à quel point lui aussi doit être exsangue. Je sais qu'il a moins dormi que moi au cours des cinq derniers mois, réglant son réveil à des heures bizarres de la nuit pour analyser mes progrès sur le tracker et vérifier que j'avançais toujours. Par-delà tous les hauts et les bas de cette aventure, Antonio est demeuré mon phare, éperdument fiable, absolument dévoué. Un roc, mon unique solidité. Sans lui, je n'aurais rien fait. Je n'ai pas voyagé seule ; nous avons partagé chaque instant. Alors, pour chacun de nous, la fin n'arrivera jamais trop tôt.

L'Italie continue de m'accueillir avec générosité, et ce soutien allège quelque peu ma dernière ligne droite. Tout au long du retour, des hôtels me logent gratuitement, on m'offre des repas. Cela peut sembler anodin, mais j'y joue précisément un retour à Noël – ou non. Retrouver un bon lit et manger correctement pèsent considérablement dans le challenge.

20 décembre

Quatre cents kilomètres. Moins. Je suis à moins de 400 kilomètres de la fin, mais je crois bien qu'il en reste 8 000. Au moins. Chaque jour, une lutte. Juste pour continuer à pédaler. Quand je m'arrête, une idée fixe : m'effondrer n'importe où, dormir. La pensée s'épuise à son tour. Difficile de croire que le voyage touche à sa fin. Certains jours, on dirait même qu'il durera à jamais. Bifurcations, azimuts et directions, je passe mes rêves à élaborer des itinéraires et à pédaler… inlassablement. Même dans mes rêves, oui. Mais Pégase aussi est fatigué. Il cumule vingt-neuf crevaisons, huit écrous de rayon brisés, deux dérailleurs cassés et quatre paires de pneus. J'ai franchi six hautes montagnes, traversé un désert et bravé un cyclone. J'ai fait du vélo en ayant la diarrhée, une fièvre de cheval et une infection pulmonaire. J'ai été attaquée par une quantité hallucinante de chiens, de pies et de taons. Pégase et moi avons relevé tous les défis, accompli des exploits que je n'aurais jamais osé imaginer voilà un an. Je devrais me sentir invincible, mais je me sens vieille.

Souvent je me suis demandé si je disposais vraiment des ressources pour aller jusqu'au bout. Les faits m'ont apporté la réponse, et la preuve. Nous pouvons réaliser quelque chose de plus grand que nous-même. Croyez que plus rien n'existe au-delà d'une certaine limite, et jamais vous ne vérifierez la solidité de votre conviction : jamais alors vous ne découvrirez de possibles, d'horizons, de nouveautés. De *peut-être que*. Si j'avais attendu d'atteindre un niveau physique supérieur, d'affiner encore ma technique ou mes compétences mécaniques, d'assurer les meilleures conditions météorologiques, de constituer une équipe logistique complète, de trouver un sponsor et un financement dignes de ce nom, je serais toujours à Naples. Jamais je ne serais partie. Tant de gens retardent la réalisation de leurs rêves pour attendre le moment idéal. Cela n'existe pas. Le moment idéal, c'est maintenant.

« Extraordinaire. » Le mot ne cesse d'apparaître sur Facebook alors que les internautes échangent sur mon voyage. Amusant… À mon départ, c'était « folle ». Peut-être existe-t-il des individus réellement extraordinaires, mais je n'en suis pas. Des gens ordinaires, sortant de leur zone de confort, et agissant avec un petit *quelque chose* en plus : voici ceux qui accomplissent les actes les plus extraordinaires. Ce *quelque chose* possède une signification différente selon chacun.

Qui suis-je ? Ni importante, ni spéciale, ni particulièrement talentueuse ou athlétique. Je n'aurais jamais su que j'étais capable de faire du vélo, et encore moins le tour du monde, si je n'avais pas essayé. En montant sur un vélo. Je m'interroge fréquemment sur notre méconnaissance du potentiel humain, à quel point celui-ci reste inexploité et sous-estimé, à quel point nos propres peurs nous brident, autant que nos limites sociales, culturelles, religieuses, toutes volontaires.

Si nous les dépassions, jusqu'où pourrions-nous aller en tant qu'individu, en tant qu'espèce ?

22 décembre

La météo a annoncé de la pluie. Ce matin, je m'habille pour la dernière fois en regardant le ciel. Des nuages gris le parsèment, comme au jour de mon départ. Un groupe de cyclistes s'est rassemblé au bar d'en face en attendant que je descende. Déboule alors le cortège de Harley et ses Vétérans-en-cuir qui s'arrêtent sous une clameur de sirènes et de klaxons. Motos briquées, chromes rutilants et sono plein pot – « *Oh Happy Day* » rugit depuis leurs haut-parleurs. Il est 8 h 30 dans le quartier résidentiel de Cardito : tout ce tapage sonne faux, pour ne pas dire assez grotesque.

Dissimulée derrière le rideau de perles de mon balcon, je les observe au travers et envisage de filer par la porte de service. Je pourrais rentrer tranquillement jusque chez moi. Jusqu'à mon appartement.

« *Sei pronta ?* » – Tu es prête ? – me demande la mère d'Antonio, ne pouvant s'empêcher de rire en découvrant mon regard de travers, tout comme l'eau marronnasse de sa baignoire après mon bain. J'ai atteint Cardito hier soir et passé la nuit dans la famille d'Antonio. Au moment des retrouvailles, un reste de politesse (ou de honte) m'a forcée à reculer en m'excusant. Impossible d'imposer cela à ses parents, son frère, et au petit groupe d'amis qui tous attendaient de m'embrasser : je puais tellement que même Mela, mon Jack Russell, s'est crispée.

Mais aujourd'hui me voilà propre, arôme gel douche, fragrance de pêche et senteur vanille, ma tenue de vélo blanchie et repassée. Aujourd'hui, on fête ma victoire, et tout ce tumulte indescriptible en bas, c'est pour moi. La foule ne cesse de s'accumuler. 9 heures : il faut y aller. Affronter la musique, littéralement. « *Jingle Bells* » crépite maintenant depuis la moto. Surréaliste, tout ça. J'enfile ma veste, déchirée à la manche gauche dans une énième chute. J'attrape mon casque, mes gants, et commence à descendre.

« Elle arrive ! » crie quelqu'un alors que je traverse la rue, sentant tous les regards se tourner vers moi.

Je n'aime pas les attroupements, et je déteste qu'on me regarde, alors je garde les yeux braqués sur le trottoir jusqu'à ce que je rejoigne Antonio. Le son de sa voix a été ma ligne de vie, la seule constante à travers le monde. Par-delà les reliefs et paysages en permanente évolution, par-delà les villes et les villages, montagnes, terres sauvages et déserts, par-delà les devises, nourritures et cultures. Je ne parviens pas à l'imaginer ici, en Italie, aux antipodes de mon expédition durant la majorité de ces cinq derniers mois ; j'aurais juré qu'il les a passés juste à côté de moi. Au bout du chemin, je retrouve Antonio comme j'étreindrais un doudou qui m'a suivie partout.

« Prête ? » m'interroge-t-il. Peut-être est-il encore plus soulagé que moi que tout s'achève enfin.

Le maire de Cardito et le directeur de la culture et des sports viennent me serrer la main, m'embrasser chaque joue, et me remettre une plaque.

COMMUNE DE CARDITO

À Juliana Buhring,

Le cœur de Cardito à jamais lié,

Laissant en ces lieux l'ultime trace de son engagement héroïque

En tant que première femme à accomplir le tour du monde à vélo, pour la défense des Droits de l'Enfant. Merci.

Je les remercie en retour et me dirige vers les cyclistes qui attendent, leur serre la main. « *Ciao. Buongiorno.* »

« Elle a un accent bizarre, murmure l'un d'eux. Elle vient d'où ? »

« Amérique », répond un autre.

« Non, il paraît qu'elle est née en Grèce. »

Je souris. Je suis de nulle part et de partout. Je peux entendre Hendri :

> Peut-être ne sommes-nous simplement que la transition ; nous aurions « perdu » notre ancien moi comme un serpent abandonne sa peau. Nous ne sommes pas des inconnus, nous avons vécu aussi densément que n'importe qui et, pour cette même raison, nous ne sommes pas des intrus. Nous ne sommes pas perdus parce que, comme tu le dis, nous sommes juste en train de nous promener. Alors qui sommes-nous ?... Ma question préférée.

Comme un processus permanent, mon identité continue de s'épanouir et d'évoluer à chaque nouvel élément que j'absorbe ; connaissance, expérience ou idée. Mon absence d'attaches à toute culture, lieu ou bien matériel m'offre la liberté de questionner et d'explorer hors de toutes les attentes habituelles et contraignantes – familiales, religieuses ou sociales. Où que je me trouve de par le monde, je peux être chez moi. Alors plutôt que d'où je viens, la meilleure question ne serait-elle pas de savoir où je vais ?

Aujourd'hui, j'ai rendez-vous sur la Piazza del Plebiscito et sa ligne d'arrivée de tour du monde. Est-ce vraiment terminé ? « Une dernière balade, Pégase. » Je chuchote à mon vélo en m'y cramponnant comme s'il restait mon ancre, mon roc au milieu d'un ouragan de bruit, de cris, de Klaxon et de musique. Après tant de temps seule, me retrouver cernée d'une telle foule me rend nerveuse. Vite, que les formalités s'achèvent et que je puisse enfin remonter sur mon vélo pour pédaler, comme je le fais chaque jour depuis cinq mois. Je clipse. C'est parti.

Me voici revenue. Je connais cet élément, le mien. De retour en moi-même, les bruits s'estompent autour. Tête baissée, penchée sur le cadre, je roule en pilotage automatique à l'écart du réel ; toutes pensées momentanément hors d'atteinte. J'oublie le monde et le silence me pénètre. Je suis un satellite solitaire en orbite. La route incarne quelque chose d'abstrait et d'immatériel. L'éternité.

ÉPILOGUE

Avril 2013

Souvent, je me retrouve à regarder par la fenêtre de mon appartement. Naples. Regard perdu dans l'horizon, le ciel. Depuis combien de temps ? Je ne saurais vous dire. Manière de somnambulisme – pas vraiment ici, pas vraiment éveillée. J'ai pédalé 29 069,58 kilomètres en 144 jours, à travers 19 pays et 4 continents, à raison de plus de 200 kilomètres quotidiens. J'ai également établi le premier record féminin du tour du monde à vélo le plus rapide, en un temps cumulé de 152 jours.

Et maintenant, que faire ?

Tout le monde veut savoir à quoi ressemblait le périple. Mais comment pourrais-je décrire la puissance, l'intensité de se sentir vivante, connectée à l'univers, de l'infime à l'immense, tout simplement d'« être » ? Franchir la ligne d'arrivée fut une déception à la mesure. Aspiration soudaine par le vide, redescente du très haut sur lequel je naviguais depuis cinq mois. Aujourd'hui encore, la route me manque. Vers le vent et l'inconnu, libre et en mouvement, il n'est pas un jour sans que j'y songe. Tout ce à quoi je peux penser, c'est atteindre de nouveau cette élévation, ce moi supérieur. Ce *high*.

Pourquoi les aventuriers et autres accros à l'adrénaline font-ils autant de folies ? Génétique différente, lignée originale ?

Ou se réveillent-ils simplement un matin en se disant *Et si j'essayais ce truc qui a l'air impossible ?* Et, avant qu'ils le sachent, ce *truc* en entraîne un autre lui aussi apparemment impossible, puis encore un autre. Peut-être que pister cette extase insaisissable transcende l'extase elle-même, et devient leur addiction. Peu importe le danger ou la mort, pourvu qu'ils en retrouvent l'ivresse. Ils feront n'importe quoi pour expérimenter leur *high* de nouveau.

Je pense que beaucoup d'entre eux – et Hendri en faisait partie – aspirent inconsciemment à la mort comme une sorte de libération, d'évasion ultime face la déception et à la médiocrité que la vie semble constituer pour eux. Le temps passant, la quête de l'élévation se fait de plus en plus pénible, l'inertie de plus en plus insupportable ; alors ils devancent la vie, recherchant toujours plus de risques ou de moyens, puissent-ils s'élever une fois encore.

Après une expédition en solitaire au Congo qui l'avait profondément remué, et avait bousculé sa conception de l'existence, Hendri écrivait :

> Il y a peu de moments dans ma vie où je me sens aussi perdu et seul que lorsque je reviens d'une longue mission. Ces moments où vous comprenez que peu importe ce que vous avez vécu ou enduré, combien vous avez sacrifié ou appris, le monde s'en moque. Le monde fonctionne parfaitement bien : superficiellement.
>
> La tristesse n'avait pas disparu, elle veillait juste. Vous la sentez s'insinuer en vous en entendant des gens se lamenter d'une mauvaise journée. Car vous savez. Dans un mois ou deux, leurs soucis seront redevenus

les vôtres. Durant les semaines ou les mois que prend votre réadaptation, vous avez tout le temps de ressasser : comment ce qui paraissait si important de votre périple semble désormais si banal.

Dans les premières semaines qui suivirent mon retour, je n'avais pas grand-chose à dire. En fait, parler de tout et de rien m'était difficile, et je peinais à trouver les banalités usuelles qui permettent d'échanger, de se connecter un minimum aux autres, quel que soit le sujet. Je n'avais pas non plus réalisé à quel point j'étais mentalement et physiquement épuisée.

Je m'étais promis de rester en forme et de continuer à rouler une fois revenue. L'esprit y était disposé ; la chair, pas vraiment. Mon corps refusait tout bonnement de monter sur un vélo, même contre ma propre volonté. Réminiscences, sans doute, des souffrances que j'avais endurées et qui y étaient imprimées.

Mais le plus difficile fut d'essayer de se réacclimater à la « normalité ». Il est des jours où l'oisiveté me pousse à fleur de peau ; il en est d'autres où rien qu'ouvrir les rideaux m'est insupportable, juste capable de rester couchée. Je me force à fréquenter des amis, m'immerger autant que possible dans l'échange, le contact. L'humain. Et je pense que reprendre le vélo me fera du bien, quand je sentirai que j'en suis capable. Mon corps a besoin d'être stimulé, réveillé, sinon je vais commencer à me taper la tête contre les murs.

Récemment, j'ai entendu parler des exploits d'un autre cycliste autour du monde, Mike Hall. Ce dernier m'invite à participer à la toute première compétition sans assistance à travers l'Europe, de Londres à Istanbul. À l'idée d'une nouvelle aventure, mon pouls s'est accéléré. Peut-être que la meilleure thérapie pour se remettre du dernier défi, c'est de commencer à préparer le prochain.

Je n'ai pas d'argent. Je n'ai pas pédalé depuis quatre mois. La course approche. Je serai la seule femme. Je n'ai jamais participé à une course de vélo, encore moins contre des hommes. Comme d'habitude, mes amis disent que je suis folle. Leur meilleur conseil : repos pendant au moins un an. Antonio m'avertit que faire le tour du monde et faire la course, ce sont deux choses très différentes : « Tu n'es pas coureuse cycliste. C'est peut-être trop tôt pour planifier une autre aventure. »

Mais maintenant, vous savez ce qui se passe lorsque l'on me dit que je ne peux pas ou ne dois pas faire quelque chose. Cette petite voix intérieure qui commence à compter[45].

45. Juliana Buhring sera la seule femme à participer à la première Transcontinental Race en 2013, de Londres à Istanbul. Ayant sérieusement débuté le vélo en 2011 à l'âge de 30 ans, elle est aujourd'hui considérée comme l'une des plus grandes cyclistes féminines d'ultra-endurance au monde.

REMERCIEMENTS

Antonio Zullo me veille depuis le premier jour et, en tant que tel, je me dois de commencer par lui. Antonio, ce livre n'est qu'un fragment d'une histoire tellement plus vaste que seuls toi et moi connaîtrons ou comprendrons pleinement, et peut-être est-ce mieux ainsi. Merci d'avoir cru en moi quand personne ne l'osait, de m'avoir guidée jusqu'à exprimer le meilleur de moi-même, et aidée à prendre conscience de mon potentiel d'être humain. Sache que tu as été, es et à jamais seras une partie essentielle de mon existence.

À mon manager, Steven Rosen, merci d'avoir cru que cette histoire méritait d'être racontée jusqu'à devenir livre, d'être resté dans les moments où il n'était pas facile d'avoir affaire à moi, de ta ténacité professionnelle, et de tant de preuves d'abnégation qui ont bien fini par m'avoir (ça, et ton abus exalté du mot « incroyable ! »).

Merci à mon agent Caspian Dennis de m'avoir gérée – erreurs et irascibilité occasionnelle incluses – avec le tact et la grâce d'un véritable gentleman.

Merci, Joy Tutela, de m'avoir fait visiter New York sous la pluie alors qu'un bébé t'attendait à la maison. Tu es Wonder Woman !

J'adresse également ma profonde reconnaissance à l'incroyable équipe de W. W. Norton qui est parvenue à modeler mes gribouillages en quelque chose de lisible, et sans qui ce livre n'existerait pas. Merci, Alane Mason et Marie Pantojan, pour vos conseils bienveillants et votre patience.

Facile de déclarer « J'ai fait le tour du monde à vélo ». Nettement moins facile de l'accomplir sans eux. Oui : le fait est que je n'y serais jamais parvenue sans tous les êtres qui ont contribué financièrement et moralement à me maintenir en chemin. Qu'il s'agisse de mille ou de cinquante dollars, toutes et tous ont offert ce qu'ils pouvaient offrir. Et au bout de la route, de leurs dons additionnés, est né un record du monde. Alors à tous mes amis et supporters qui ont cru en mon rêve fou et ont contribué à en faire une réalité, merci.

- Thomas Kelly (États-Unis)
- Chris McDonald (Australie)
- David et Écho (France)
- Steven Levithan (États-Unis)
- Mariana Buhring (France)
- Richard & Zanny Martin (Suisse)
- Jason Scott (États-Unis)
- Mario Schiano (Italie)
- Siobhan Stella (Irlande)
- Guido Notari (Ouganda)
- Marek Hamšík (footballeur de Naples)
- Peter Frouman (États-Unis)
- Katrina Levithan (États-Unis)
- Elio Zullo (Italie)
- Mauro Russo (Italie)

- Antonio Vitello (Italie)
- Riccardo & Angela Zullo (Italie)
- Erinn LaMattery (Japon)
- Whisper Wind James (États-Unis)
- Jesse Martin Nolan (États-Unis)
- Michele Auriemma & Carmen (Italie)
- Michele Gentile (Italie)
- Ilaria Martini (Italie)
- Bruce et Michelle Warren (États-Unis)
- Marco Auriemma (Italie)
- Paolo Chan (États-Unis)
- Kathryn Mercogliano (États-Unis)
- Kelly Rugely (États-Unis)
- John Mageropoulos (États-Unis)
- Fiona McLeod (Royaume-Uni)
- Kai Hayes (États-Unis)
- Stephanie Mills (Royaume-Uni)
- Starr Guckert (États-Unis)
- Claire Turquin-Silhouette (France)
- Isabelle Chouar et le *Gambrinus* (France)
- David Hose (États-Unis)
- Lynn Etherton (États-Unis)
- Romolo Ponzo (Italie)
- Marco Martini (Italie)
- Gesualdo Di Prospero (Italie)
- Salvatore Alfieri (Italie)
- La famille Bennett (Nouvelle-Zélande)
- Vincent Miller (Australie)
- The Fawkin Hawkins (Australie)
- Anthony Booths (Australie)

- Angel Smith (Australie)
- Maria Gabriella Berti (Italie)
- James Benson (États-Unis)
- Vincenzo Fedele (Italie)
- Mark Jacobs (États-Unis)
- Petra Laila Bartlett (États-Unis)
- Dacil Betting (États-Unis)
- Michael McMahon (Australie)
- Sean Preece (Angleterre)
- Floriana De Stefano (Italie)
- Gina M. Catena (Italie)
- Clara Comelli (Italie)
- Tommaso Fortunato (Italie)

Note du traducteur

DE L'ORDINAIRE À L'EXTRAORDINAIRE

Incessamment, la vie et l'œuvre de Juliana Buhring semblent balancer de l'un vers l'autre. D'une enfance atrocement extra-ordinaire à l'adaptation forcée au monde « normal », la jeune femme réussissait déjà l'impossible en s'échappant d'une secte, en 2004, jusqu'à parvenir au succès littéraire, en 2007.

Mais *quand tu aimes, il faut partir* ? Normalité fugace, la faucheuse allait sonner l'urgence de tout quitter. D'un coup sec, la vie efface Hendri Coetzee et, en 2012, Juliana se précipite au loin. Néo-cycliste en formation accélérée, celle que le quidam a estampillée folle découvre qu'il se passe quelque chose. Ici et maintenant, au-delà de l'épuisement et des superlatifs statistiques, Ju' devient Juliana à coups de *miles* intérieurs. La spectatrice groggy se mue en compétitrice : ce n'était qu'un pari, c'est désormais un record. Mondial. Buhring, Juliana, 152 jours, 29 069,58 kilomètres.

Pour la cycliste que tous considèrent maintenant comme extraordinaire, il faut pourtant retrouver l'ordinaire napolitain et l'oisiveté du temps mort. D'est en ouest, de la route à l'appartement – et que passent les heures à scruter l'horizon.

Mais cette *recordwoman* tient la clé des champs et un moyen d'explorer son plein potentiel. En 2012, l'ultra-cyclisme balbutie et sa version féminine babille. Juliana peut rouler 300 kilomètres par jour, vite, et elle aime ça.

Embrasserait-elle la carrière ? L'aventure interne et l'exploration des antipodes la tancent. En 2013, le cycliste anglais Mike Hall crée la Transcontinental Race et pense spontanément à cette Mrs Buhring, débutant depuis deux ans seulement, mais qui vient d'établir un record. Juliana répond à l'invite, boucle les 3 200 kilomètres de Londres à Istanbul, 9e au général et 400 kilomètres en raout final.

La page se tourne réellement en 2014 lorsqu'elle découvre les 6 800 bornes de la Trans Am Bike Race, et pénètre littéralement la méditation en mouvement qu'offre l'ultra-endurance. Deux mots : au-delà. Dès le deuxième jour, Juliana chute et se brise une côte ; sa tige de selle cède à mi-course, s'affaissant et la forçant à pédaler 3 000 kilomètres les genoux surélevés. Anti-inflammatoires en continu ou casses mécaniques, rien n'arrête sa remontée au classement jusqu'à une dernière étape dantesque. Après 800 kilomètres sans dormir, Buhring arrache la victoire et la 4e place générale. Fauteuil roulant pour grimper dans l'avion, mais notoriété incontestable. Extra-ordinaire, dirait-on.

En 2015, la championne frôle la surdose de médicaments et la crise cardiaque, rentre en stop à Perth avec des camionneurs, mais reprend la route dès que l'avis médical passe au vert, pour tenter de raccrocher le peloton. Si elle dit ne pas viser un état de souffrance, Juliana veut savoir, alors elle frise les limites. Lors de la Race Across America de 2016, c'est bien l'œdème pulmonaire qui l'arrête : allergie à l'ibuprofène. Il lui faudra rouler 1 080 km d'un trait en 2017, « pour savoir ».

Et puis, de nouveau, la faucheuse. Ordinaire. Le 31 mars 2017, Mike Hall, la légende, l'ami, meurt dans un accident de la route lors d'une course en Australie. Juliana dépose son vélo et observe ce qui vient de mourir en elle-même. Avec Mike, tout semblait possible et le possible devenait passionnant, d'une traversée des États-Unis à une étape jusqu'à l'épuisement. « Chacun d'entre nous qui étions près de lui depuis le début avons cessé de courir les uns après les autres. Réévalué l'important, le futile. Après la mort, ceux qui restent doivent survivre. » Une fois encore, la jeune femme clôt un chapitre et conclue cinq années de compétition, au plus haut degré d'engagement physique et mental. Ne pas se retourner sur la douleur, et passer à autre chose.

En 2019, Juliana crée sa course, la Two Volcano Sprint, afin de soutenir sa fondation. Elle construit une maison d'hôtes sur les hauteurs napolitaines, accueillant cyclistes et voyageurs de passage. Celle qui ne se sentait « appartenir à nulle part » observe désormais la mer depuis un lieu de vie. Elle alterne entre conférences, travail caritatif et projets. Pionnière d'un sport qui balbutiait en 2012, athlète iconique dans l'univers de l'ultra-endurance, elle cultive aujourd'hui son jardin sous l'œil de ses animaux, arche de Noé bigarrée. De l'art du pas de côté, ou de la force d'âme pour avancer ? Rescapée, autrice, sportive, Juliana semble porter en elle autant de vies que de portes soigneusement refermées. Mais ce havre, elle le tient ; pour de bon et tourné vers les autres.

Car si une lumière guide ses pas, peut-être est-ce cette volonté immuable d'aller *vers*. Après deux ouvrages et des années de cyclisme, elle aurait pu prétendre au silence, ou céder à l'isolement. Foyer construit, vie rangée et contemplation muette du monde : il n'en est pourtant rien. Juliana Buhring écoute, guide, partage son expérience et fait *dire* à son tour ; pourvu que circule la parole, et que les êtres se croisent. Pour mieux guérir. Dévouée à la cause humanitaire, la compétition qu'elle organise est renommée pour son authenticité. Et après tout ce temps, il semble que son envie d'agir n'a jamais été aussi forte.

22 décembre 2022. De Naples à Chambéry, la liaison vidéo réunit deux soleils d'hiver. Il y a dix ans jour pour jour, Juliana faisait son retour Piazza del Plebiscito sous les hourras. Le jour où la vie a changé ? « Pas vraiment. J'imaginais que ce record générerait des sponsors, un engouement… mais la vie s'est poursuivie comme avant. Petite popularité dans un milieu de passionnés, jobs à temps partiel, suffisamment pour planifier la course d'après : ça m'allait très bien. Pas besoin de plus. »

Finalement, le sud italien et une quadra anglo-allemande se sont apprivoisés. Si la première reste bruyante, la seconde y a trouvé un tout autre challenge – ne jamais rompre le lien aux autres. Elle y réussit admirablement. Défi ultime pour femme *extra*-ordinaire ? « Sincèrement, rien de cela en moi. Je me verrais davantage comme une fille très ordinaire, à qui il est arrivé quelques événements extraordinaires… »

TABLE DES MATIÈRES

Achevé d'imprimer par Ermes Graphics
à Turin (Italie), en mars 2023
Dépôt légal : avril 2023
ISBN : 978-2-37502-185-9